deutsch.kompetent 5

Arbeitsheft

Erarbeitet von:
Christel Ellerich
Susanne Jugl-Sperhake
Rosemarie Lange
Heike Opgenorth-Hoffmann
Elisabeth Schuchart
Barbara Schugk
Martina Skiera

Ernst Klett Verlag
Stuttgart · Leipzig

So funktioniert der deutsch.kompetent-Code auf www.klett.de

Der Code führt dich zu weiteren Materialien, wie zum Beispiel Hörtexten und Arbeitsblättern. Geh auf **www.klett.de/online**. Gib dort den Code in der Suchleiste ein, zum Beispiel **ru38si**.

 Hörtext
Supermarkt oder Fußballwiese?
ru38si

Differenzierung

- ○ leicht
- ◐ mittel
- ● schwer

1. Auflage   1 7 6 5 4 | 17 16 15 14

Alle Drucke dieser Auflage sind unverändert und können im Unterricht nebeneinander verwendet werden. Die letzte Zahl bezeichnet das Jahr des Druckes.

Das Werk und seine Teile sind urheberrechtlich geschützt. Jede Nutzung in anderen als den gesetzlich zugelassenen Fällen bedarf der vorherigen schriftlichen Einwilligung des Verlages. Hinweis zu § 52a UrhG: Weder das Werk noch seine Teile dürfen ohne eine solche Einwilligung eingescannt und in ein Netzwerk eingestellt werden. Dies gilt auch für Intranets von Schulen und sonstigen Bildungseinrichtungen. Fotomechanische oder andere Wiedergabeverfahren nur mit Genehmigung des Verlages.

Auf verschiedenen Seiten dieses Heftes befinden sich Verweise (Links) auf Internet-Adressen. Haftungshinweis: Trotz sorgfältiger inhaltlicher Kontrolle wird die Haftung für die Inhalte der externen Seiten ausgeschlossen. Für den Inhalt dieser externen Seiten sind ausschließlich die Betreiber verantwortlich. Sollten Sie daher auf kostenpflichtige, illegale oder anstößige Inhalte treffen, so bedauern wir dies ausdrücklich und bitten Sie, uns umgehend per E-Mail davon in Kenntnis zu setzen, damit beim Nachdruck der Verweis gelöscht wird.

© Ernst Klett Verlag GmbH, Stuttgart 2012. Alle Rechte vorbehalten. www.klett.de

Autoren: Christel Ellerich, Stolberg; Susanne Jugl-Sperhake, Lippersdorf; Rosemarie Lange, Ruttersdorf; Heike Opgenorth-Hoffmann, Meinborn; Elisabeth Schuchart, Leipzig; Barbara Schugk, Rade; Martina Skiera, Merseburg

Redaktion: Ulrike Wünschirs, Leipzig
Redaktionsassistenz: Heike Etzold
Herstellung: Sylvia Kusch

Umschlag und Layoutkonzeption: Petra Michel, Gestaltung und Typografie, Bamberg
Illustrationen: Axel Fahl, Reichelsheim; Pe Grigo, Bielefeld
Satz: tiff.any, Berlin
Reproduktion: Meyle + Müller GmbH + Co. KG, Pforzheim
Druck: Himmer AG, Augsburg

Printed in Germany
ISBN 978-3-12-316008-0

Inhalt

Sich und andere informieren
- Informationen aus Sachtexten gewinnen ... 4
- Das kannst du jetzt! – Anwendung ... 8
- EXTRA: Üben ... 10

Mündlich und schriftlich erzählen
- Erzähltipps für mündliches und schriftliches Erzählen ... 12
- Eine Bildergeschichte erzählen ... 14
- Das kannst du jetzt! – Anwendung ... 15
- EXTRA: Üben ... 16

Tiere, Gegenstände und Wege beschreiben
- Tiere genau beobachten und beschreiben ... 18
- Einen Gegenstand beschreiben ... 19
- Einen Weg beschreiben ... 20
- Das kannst du jetzt! – Anwendung ... 21
- EXTRA: Üben ... 22

Erzählende Texte untersuchen
- Handlungsverlauf erkennen und Figuren verstehen ... 24
- Märchen untersuchen ... 26
- Sagen erforschen ... 28
- Das kannst du jetzt! – Anwendung ... 29
- EXTRA: Üben ... 30

Gedichte untersuchen
- Inhalt und Form von Gedichten erkennen ... 32
- Gedichte vortragen und auswendig lernen ... 35
- Das kannst du jetzt! – Anwendung ... 37
- EXTRA: Üben ... 38

Wörter bilden, Wörter erkunden
- Wortbildung durch Zusammensetzung ... 40
- Wortbildung durch Ableitung ... 41
- Wortfelder nutzen ... 42
- Das kannst du jetzt! – Anwendung ... 44
- EXTRA: Üben ... 46

Wortarten unterscheiden
- Substantive und Artikel ... 48
- Pronomen ... 50
- Adjektive ... 51
- Präpositionen ... 52
- Verben ... 53
- Das kannst du jetzt! – Anwendung ... 55
- EXTRA: Üben ... 56

Satzglieder untersuchen und verwenden
- Satzglieder erkennen ... 58
- Satzkern: Subjekt und Prädikat ... 59
- Satzergänzungen: Objekte ... 60
- Besondere Umstände: Adverbialbestimmungen ... 61
- Genauere Angaben: Attribute ... 62
- Das kannst du jetzt! – Anwendung ... 63
- EXTRA: Üben ... 64

Sätze untersuchen
- Absichten durch Satzzeichen verdeutlichen ... 66
- Satzzeichen bei der wörtlichen Rede ... 67
- Kommasetzung bei Aufzählungen und Satzgefügen ... 68
- Das kannst du jetzt! – Anwendung ... 71
- EXTRA: Üben ... 72

Regeln und Verfahren der Rechtschreibung
- Substantive und Substantivierungen erkennen und großschreiben ... 74
- Wörter mit gleich und ähnlich klingenden Lauten ... 76
- Wörter mit kurz und lang gesprochenem Vokal ... 77
- Wörter mit s-Lauten ... 79
- Das kannst du jetzt! – Anwendung ... 81
- EXTRA: Üben ... 82

Kannst du das? – Testteil
- Sprache ... 84
- Hörverstehen ... 86
- Verstehendes Lesen ... 88
- Schreiben ... 92
- Lernspiegel ... 93

Fachbegriffe ... 94
Text- und Bildquellen ... 96

Sich und andere informieren

◯ Informationen aus Sachtexten gewinnen

Schülerbuch S. 14 ■ Informieren

Beim ersten Lesen eines Sachtextes musst du dich zunächst **orientieren**: Findest du in der **Überschrift** und in Bildern Informationen? **Kläre** die **Fragestellungen**, unter denen du den Text lesen möchtest. **Erschließe** dir **unbekannte Begriffe** aus dem Textzusammenhang oder mithilfe eines Wörterbuchs. **Markiere Schlüsselwörter**, die dir helfen, Wesentliches über den Text zu erfahren. Halte **wichtige Informationen** des Textes schriftlich fest.

  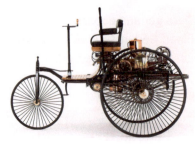

1. Sieh dir die Abbildungen an und kläre, was darauf zu sehen ist. Überlege, worum es in dem Text unten gehen könnte.

2. Überfliege den folgenden Text, indem du die hervorgehobenen Schlüsselwörter liest. Schreibe eine kurze Zusammenfassung und vergleiche das Ergebnis mit deiner ersten Vermutung.

   _____
   _____
   _____
   _____

3. Lies dir den Text aufmerksam durch und suche eine passende Überschrift.

   Überschrift: _____

   Am 5. August 1888 setzte sich **Bertha Benz** mit ihren beiden ältesten Söhnen auf ein **dreirädriges Gefährt**, welches am Heck von einem **Benzin-Ottomotor** angetrieben wurde. Da sich die Mutter das Lenken des Wagens nicht zutraute, überließ sie ihrem **15-jährigen Sohn** Eugen Benz **das Steuer**. Jenes war eigentlich nur eine Kurbel an einem Metallrohr, das über eine weitere Stange
   5 mit dem Vorderrad verbunden war.
   Diese Motorkutsche gilt als das erste wirklich brauchbare Automobil der Welt, bei dem eine Fahrradkette die Motorkraft auf die hinteren Räder übertrug. Die Speichenräder waren mit Gummireifen belegt. Das Fahrzeug erreichte eine **Geschwindigkeit** von 15 km/h. Das sind ungefähr 5 km/h mehr, als eine Postkutsche schaffte.

10 Die Ausflügler fuhren ca. **106 km von Mannheim nach Pforzheim**, um die Großmutter zu besuchen. Bertha Benz war eine geschäftstüchtige Frau, die mit dieser **Werbefahrt** auf einen guten Verkauf des Autos hoffte. Denn ihr Mann Karl Benz, der Erfinder dieses Automobils, wagte seit zwei Jahren nur auf dem Betriebsgelände zu fahren. Deshalb durfte er zunächst nichts von dem Ausflug seiner Frau wissen. Natürlich mussten auf der Reise auch **Probleme** bewältigt werden.
15 Wurde die Straße zu steil, stiegen alle aus und schoben. Als das Benzin zur Neige ging, schaffte man es gerade noch bis zur Wieslocher Apotheke, um Ligrium, das heißt Leichtbenzin, zu erwerben. Und mit ihrer Hutnadel bohrte Bertha Benz eine verstopfte Benzinleitung auf. Auch von einigen kreischend weglaufenden Zeitgenossen, die glaubten dem Teufel zu begegnen, ließen sich die drei nicht beeindrucken.
20 Schließlich hatte mit dieser Fahrt das Automobil seine **erste Fernfahrt** erfolgreich bestanden.

4. Unterstreiche in dem oben stehenden Text die genannten Bauteile des Benz-Automobils und beschrifte anschließend die Abbildung.

1 _____
2 _____
3 _____
4 _____
5 *Fahrradkette*
6 _____

5. Kläre mithilfe eines Wörterbuchs Herkunft und Bedeutung der Wortteile „Auto" und „mobil". Erläutere, warum der Verfasser vom ersten brauchbaren Automobil spricht.

_____
_____

6. Während der Fahrt traten Schwierigkeiten auf. Schreibe drei Probleme sowie deren Lösung in Stichpunkten in die Tabelle.

Problem	Lösung

7. Berichte in einem zusammenhängenden Text über die erste Fernfahrt mit einem Automobil. Arbeite im Heft.

Sich und andere informieren

8. Lies den folgenden Text aufmerksam und erschließe die Bedeutung der hervorgehobenen Begriffe aus dem Textzusammenhang.

Der Urururgroßvater unseres Autos

Jedes Mal, wenn unsere Urväter in **grauer Vorzeit** eine schwere Last fortbewegen wollten, machten sie die gleiche Feststellung: Sollte zum Beispiel ein großer, kantiger Stein weggeschleppt werden, mussten mehrere kräftige Männer anpacken. Einen gleich
5 schweren, aber runden Stein konnte schon ein einziger Mann vor sich herrollen. Heute wissen wir, warum: Der **Reibungswiderstand** ist beim Rollen geringer als beim Schieben oder Ziehen. Das ist ein **physikalisches Gesetz**. Unsere Vorfahren wussten zwar nichts davon, aber sie nutzten es. Irgendwann einmal vor
10 Urzeiten ist dann ein Mensch auf eine ebenso einfache wie geniale Idee gekommen: Er legte einen schweren kantigen Stein, den er transportieren wollte, auf einen Baumstamm, den er vorher von seinen Ästen befreit hatte. Ein paar Freunde von ihm hielten den Stein darauf fest. Wenn man nun den Baumstamm rollte, bewegte
15 sich der Stein ebenfalls vorwärts – und zwar schneller als der Baumstamm unter ihm. Damit war das erste Transportmittel der Menschheit, die Walze, erfunden. Jedoch fiel der Stein nach einer Umdrehung herunter. Ein **Genie** der Vorzeit kam auf eine noch bessere Idee: Aus mehreren Baumstämmen baute er so etwas wie
20 eine Ladefläche. Das war eine hölzerne Platte, die mittig auf einer Walze lag. In die Platte waren vorn und hinten je zwei **Pflöcke** senkrecht eingesetzt. Der Abstand zwischen den Pflöcken war so groß, dass sich zwischen ihnen die Walze drehen konnte. Dieses Gefährt konnte so lange vorwärts rollen, wie es nötig war – die
25 Last fiel nicht mehr herunter.

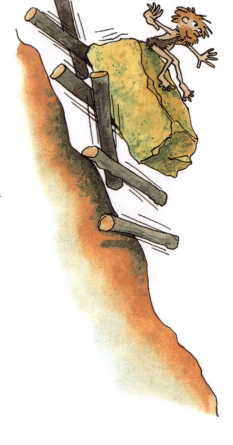

graue Vorzeit _____

Reibungswiderstand _____

physikalisches Gesetz _____

Genie _____

Pflöcke _____

9. Gliedere den Text in drei sinnvolle Abschnitte. Formuliere für jeden Abschnitt eine Frage, auf die der Text Antwort gibt.

Abschnitt 1, Z. _1_ bis Z. ____: _____?

Abschnitt 2, Z. ____ bis Z. ____: _____?

Abschnitt 3, Z. ____ bis Z. ____: _____?

10. Erläutere mit eigenen Worten, wie ein urzeitlicher Karren gebaut wurde. Arbeite im Heft.

Unterwegs sein ohne Navi

Tiere haben ihre Pfade und orientieren sich an eigenen Systemen. Der Mensch kannte die „Wildwechsel" und konnte ihnen an den entsprechenden Stellen auflauern. Nach der Jagd benutzte der primitive Jäger der Urzeit die Spuren seiner eigenen Füße, um den Weg zurück zu finden. **ORI**

Die meisten römischen Straßen verfielen allerdings im Mittelalter. Fußgänger und Reiter mussten sich in unbekannten Gebieten auf Wegführer verlassen. **RUNGS**

Durch Feuer- und Rauchsignale verständigten sich Naturvölker wie die Indianer. Sie errichteten Steinhaufen und ritzten ihre Zeichen in Bäume und Felsen. Auch die Karawanen in der Wüste orientierten sich nach Steinhaufen, die an bedeutsamen Wegkreuzungen errichtet wurden. **EN**

Die endgültige Verbreitung der Wegweiser erfolgte erst im Zusammenhang mit dem Postwesen im 18. Jahrhundert. Sie waren an Pfählen in einer ziemlichen Höhe angebracht, da sie vom Pferderücken oder Kutscherbock aus gelesen werden sollten. Aus derselben Zeit stammen auch die Meilen- und Stundensteine. **ZEI**

Auf die Römer geht das erste „Verkehrszeichensystem" zurück. In den von ihnen besetzten Gebieten bauten sie Militärstraßen, an denen in bestimmten Abständen Stationen lagen. Steinerne Säulen gaben die Entfernung zur nächsten „Mansione" im Römischen Reich an. **TIE**

Die Erfindung des Benzinmotors durch Daimler und das Aufkommen des Automobils um 1883 schufen die Voraussetzungen für den Straßenverkehr und damit auch für die modernen Verkehrszeichen. **CHEN**

11. Verschaffe dir einen Überblick über die Inhalte der Textausschnitte.

12. In welcher Bedeutung werden die folgenden Begriffe in den Textausschnitten verwendet? Wähle je eine Umschreibung aus den Vorgaben aus. Achtung: Zwei Erklärungen passen zu keinem der Begriffe.

primitiv _____

Meilen _____

Mittelalter _____

System _____

Mansione _____

- 5.–15. Jahrhundert
- fünfzig Jahre alt sein
- altes Längenmaß
- Plan
- ursprünglich
- Unterkunft
- alte Gewichtseinheit

13. Lies die Textausschnitte noch einmal aufmerksam und markiere Schlüsselwörter, die dich über die Zeit und die Art der Wegweiser informieren. Bringe sie in die richtige zeitliche Reihenfolge. Die Silben hinter den Texten ergeben ein Lösungswort.

Lösungswort: _____

Anwendung

● **Das kannst du jetzt!**

> Training interaktiv
> Informieren
> hc7ct3

Überschrift: _____

Im Laufe von Millionen Jahren haben Lebewesen unzählige Fähigkeiten und Strukturen entwickelt, die ihnen das Überleben sichern. Ihre Leistungen setzen uns immer wieder in Erstaunen. Diese Ideen aus der Natur als Vorbild für neue Erfindungen zu nutzen, ist ein <u>faszinierender</u> Gedanke. In unserem Alltag gibt es eine ganze Reihe von Gegenständen, die nach Vorbildern aus der Natur entwickelt wurden.

FIN

Die erste <u>bionische</u> Erfindung, die in Deutschland patentiert wurde, war ein Salzstreuer. 1919 wollte der <u>Botaniker</u> Raoul Francé Kleinstlebewesen gleichmäßig auf dem Boden verteilen. Er nahm sich die Samenkapsel des Mohns zum Vorbild. Ist der Mohn verblüht, so reifen in der Kapsel die Samen. Diese müssen weit verstreut werden. Würden die Samen einfach direkt bei der Mutterpflanze zu Boden fallen und dort keimen, würden sich die Jungpflanzen gegenseitig das Licht wegnehmen und sich in ihrem Wachstum behindern. Deshalb besitzt die Mohnkapsel rundum kleine Löcher. Wenn der Wind die Kapsel in Schwingung versetzt, werden die Samen durch die Löcher gleichmäßig verteilt. Die Erfindung des Salzstreuers war nur eine von vielen Ideen, die Francé nach dem Vorbild der Natur entwickelte. Er sah sich als Begründer einer neuen Wissenschaft, die er „Biotechnik" nannte – heute nennt man sie Bionik.

DUN

Von welcher Pflanze der Klettverschluss abgeschaut wurde, ist leicht zu erraten – es ist natürlich die Klette. Der Schweizer <u>Ingenieur</u> George de Mestral musste nach Jagdausflügen immer wieder seinen Hund von anhaftenden Klettfrüchten säubern. Das Haftprinzip interessierte ihn und er sah sich die Klettfrüchte unter dem <u>Mikroskop</u> genauer an. Dabei stellte er fest, dass sie biegsame Widerhaken tragen. Geraten diese mit dem Fell von umherstreifenden Tieren oder mit Kleidung in Kontakt, verhaken sie sich und bleiben haften. So werden die Früchte über weite Strecken transportiert und lassen weit entfernt neue Klettpflanzen entstehen. Die <u>Widerhaken</u> der Klette sind so biegsam, dass sie sich vom Fell lösen lassen, ohne abzubrechen. 1951 vergab das Schweizer Patentamt ein <u>Patent</u> auf den Klettverschluss, der damals noch Widerhaken und schlaufenförmige <u>Ösen</u> auf beiden Teilen des Verschlusses trug.

ER

Normalerweise benötigt man Klebstoff, um zwei Gegenstände ohne Schrauben oder Nägel miteinander zu verbinden. Der Gecko zeigt uns, dass es möglich ist, auch ohne Klebstoff an der Oberfläche zu haften. Die Füße des Geckos sind von feinen Haaren bedeckt. In starker Vergrößerung werden die Haftlappen am Ende der Haare erkennbar. Wenn man diese Fähigkeit auf die Technik überträgt, könnte man Schränke ohne Schrauben an der Wand befestigen. Ist es vielleicht sogar möglich, mit Geckohandschuhen Hochhäuser hinaufzusteigen, wie die Comic- und Filmfigur Spiderman?

GEN

1. Überfliege den Text und erkläre die Bedeutung der unterstrichenen Wörter mit je einem Satz. Du kannst sie dir erschließen oder ein Nachschlagewerk benutzen. Arbeite im Heft.

2. Lies den Text aufmerksam und gib den Inhalt des Textes in zwei bis drei Sätzen wieder.

Der Text handelt von

3. Gib dem Text eine der folgenden Überschriften. Welche Überschrift passt deiner Meinung nach zu dem gesamten Text? Begründe deine Auswahl.

Die faszinierende Welt der Bionik

Der Botaniker Raoul France

Die Erfindung von Salzstreuer und Klettverschluss

4. Ordne die folgenden Fragen den vier Textteilen zu. Trage dazu die entsprechenden Silben in die Kästchen ein. Sie ergeben ein Lösungswort.

☐ Warum brechen die Widerhaken der Kletten beim Ablösen nicht ab?

☐ Woran orientieren sich viele neue Erfindungen?

☐ Wodurch wird verhindert, dass die Jungpflanzen des Mohns sich gegenseitig in ihrer Entwicklung behindern?

☐ Welche Fähigkeit des Geckos könnte der Mensch nachahmen?

Lösungswort: _____

5. Markiere in den Textteilen die jeweiligen Antworten auf die vier Fragen aus Aufgabe 4.

Sich und andere informieren

○ EXTRA: Üben

1. Überfliege die folgenden kurzen Texte und lies die Fragen aufmerksam. Ordne jede Frage einem Text zu. Trage den entsprechenden Buchstaben in das Kästchen ein.

> Beim Pyramidenbau wurde vor allem Muskelkraft benötigt. Wenn ein Stein von zwanzig Mann nicht gezogen oder geschoben werden konnte, dann wurden eben dreißig oder gar fünfzig Mann eingesetzt, um den Koloss zu bewegen. Obwohl die Ägypter noch keine Transportwagen mit Rädern kannten, hatten sie doch eine Reihe von Hilfsmitteln. Sie benutzten schon fast alle Maurerwerkzeuge, die wir haben: Hammer und Meißel, Winkel und Senkblei, Schleifstein und Bohrer, Säge und Feile.

> Kerzen sind seit mindestens dreitausend Jahren im Gebrauch, wahrscheinlich sogar länger. Sie werden bereits im alten Testament erwähnt. Die Römer benutzten Kerzen aus Flachs, der mit Pech und Wachs bestrichen wurde.

> Im Jahre 59 v. Chr. ließ Julius Caesar jeden Tag alles aufschreiben, was im Senat und den Volksversammlungen verhandelt wurde. Diese Aufzeichnungen wurden dann noch erweitert mit wichtigen Ereignissen aus der Stadt selbst. So entstand eine Art Stadtanzeiger. Er wurde von Hand abgeschrieben und vervielfältigt. Caesar nannte seinen Stadtanzeiger *acta diurnia* („tägliche Protokolle"). Das Wort *diurnia* hat sich bis heute erhalten: in der Bezeichnung *Journal*.

A Worüber informierte der Stadtanzeiger die römischen Bürger?
B Aus welchem Material wurden Kerzen im alten Rom hergestellt?
C Mit welchem Werkzeug bauten die Ägypter Pyramiden?

2. Lies die drei Texte noch einmal unter der jeweiligen Fragestellung und unterstreiche Schlüsselwörter für die Antwort. Beantworte die drei Fragen mit je einem Satz.

Die Ägypter benutzten beim Pyramidenbau _____

_____

_____

_____

3. Sieh dir die Abbildung an und überlege, wie der Rennwagen gebaut wurde. Lies die folgende Bauanleitung.

Bau eines Formel-Eins-Wagens

Wenn du selbst einmal ein Rennauto bauen willst, benötigst du etwas Zeit und Geduld.
Folgende Sachen brauchst du: einen Frischmilchkarton, 4 runde Chipsverpackungen, Schere, Klebeband,
5 2 lange Bleistifte oder Buntstifte, 1 Gummiband.
Schneide als Erstes eine saubere Milchpackung der Länge nach in zwei Hälften. Bohre nun ca. 2 cm von der Unterkante der halben Milchtüte entfernt

Löcher in die Seiten, so dass du vorn und hinten jeweils einen Bleistift hindurchstecken kannst.
10 Die Bleistifte müssen sich leicht drehen lassen. Nimm dann die Deckel der Chipsverpackung und bohre in ihre Mitte ein Loch. Es sollte so groß sein, dass der verwendete Bleistift gerade hindurchpasst. Jetzt steckst du einen Bleistift durch die vorderen und den anderen durch die hinteren Löcher des Milchkartons. Der Bleistift muss so lang sein, dass er an beiden Seiten noch ca. 3 cm herausragt. Links und rechts von der Milchtüte werden die durchbohrten Deckel mit der Öffnung nach außen
15 auf den Bleistift gesteckt und mit Klebeband festgeklebt. Das Gleiche machst du mit den hinteren Löchern. Vorder- und Hinterräder sollten möglichst gerade ausgerichtet sein. Das kannst du überprüfen, indem du sie drehst. Sie müssen dann normal laufen und dürfen nicht eiern. Schneide anschließend das Gummiband einmal durch und knote das eine Ende mit einem Doppelknoten um den hinteren Bleistift, er ist deine Hinterachse. Das andere Ende wird um die „Frontseite"
20 geschlungen und verknotet. Zum Schluss wickelst du das Gummiband straff um die Hinterachse. Halte das straffe Band fest, setze das Auto auf den Boden und lass los.

4. Da in der Beschreibung Absätze fehlen, liest sie sich nicht so leicht. Suche sinnvolle Stellen für Absätze und kennzeichne sie durch einen Schrägstrich. Tipp: Achte auf die Arbeitsschritte der Bauanleitung.

5. Schreibe die Materialien aus dem ersten Abschnitt übersichtlicher auf. Überlege, welche Form sich hier am besten eignet.

_____   _____

_____   _____

_____   _____

_____   _____

6. Unterstreiche die wichtigsten Arbeitsschritte der Bauanleitung. Ordne sie der Reihe nach in die Übersicht ein.

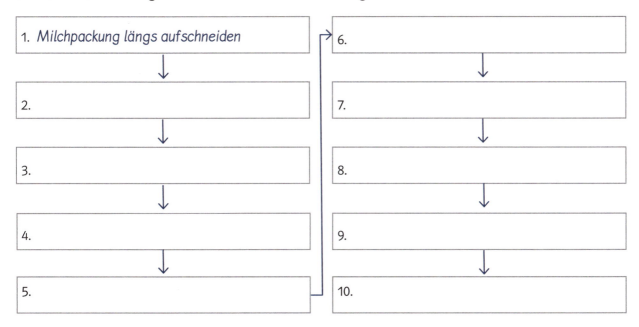

7. Versuche allein oder mithilfe eines Freundes/einer Freundin den Wagen nachzubauen.

Mündlich und schriftlich erzählen

Erzähltipps für mündliches und schriftliches Erzählen

Schülerbuch S. 38 ■ Erzählen

Eine Erzählung soll die Zuhörer oder Leser fesseln. Sie muss **verständlich** und **nachvollziehbar** sein. Wenn du eine Erzählidee für die **mündliche Erzählung** gefunden hast, notierst du **Erzählschritte**, legst einen **Stichpunktzettel** an und überlegst dir eine **Vortragsvariante**.
Für **schriftliche Erzählungen** stellst du einen **Erzählplan** auf, in dem du Anfang, Schluss und Höhepunkt der Geschichte entwirfst und dir eine logische Reihenfolge der Erzählschritte und eine **Überschrift** überlegst. Figuren und Handlung kannst du anschaulich darstellen, indem du **Sinneseindrücke, Gedanken und Gefühle** beschreibst, **wörtliche Rede** verwendest und auf **treffende Wortwahl** achtest.

Kohlschwarz war die Nacht, es schlug soeben 12-mal vom nahen Kirchturm, als eine dunkle Gestalt die Gasse betrat. Eingehüllt war sie in einen ebenso kohlschwarzen Umhang, die Kapuze tief über die Stirn gezogen, sodass sie sich kaum von der Dunkelheit der Gasse abhob. Nur die Schritte waren zu hören, kleine spitze Schritte, die über das feuchte Pflaster stolperten und die Stille zerrissen. Die Schritte waren es, die mich aufschreckten. Ich konnte nicht schlafen, stand am Fenster und schaute träumend dem Spiel des Windes mit den dürren Ästen zu, als dieses seltsame Geräusch meinen Blick in die düstere Gasse zog. Augenblicklich erstarrte ich, und spürte einen Stich wie von einer Nadel, ein Schauer lief mir den Rücken hinunter …

1. Benenne das Gefühl, das der Erzähler beschreibt, als der Text abbricht. Kreuze an, welche Formulierungen dieses Gefühl auch beschreiben könnten.

Gefühl: _____

- ☐ Eine wohlige Wärme breitete sich in mir aus.
- ☐ Auf einmal wurden meine Knie so weich. Es schien, als wollte der Boden unter den Füßen versinken.
- ☐ Ganz leicht wurde mir zumute und mein Herz machte einen freudigen Hüpfer.
- ☐ Meine Hände zitterten. Sie wurden feucht und kalt.
- ☐ Ich hätte Bäume ausreißen können, solche Kraft verspürte ich.
- ☐ Mir wurde abwechselnd heiß und kalt und ich fühlte einen Kloß in der Kehle.

2. Notiere Gedanken, die dem Erzähler in diesem Moment durch den Kopf gehen könnten.

_____

_____

_____

_____

_____

3. Die folgenden Stichpunkte stellen Erzählschritte für eine Fortsetzung des Erzählbeginns aus Aufgabe 1 dar. Bringe sie in die richtige Reihenfolge, indem du sie nummerierst. Orientiere dich an dem Beispiel.

Treppe hinunterschleichen _____, Gestalt huscht in Gasse wieder zurück _____, Auflösung der

Geschichte _____, Gestalt geht zur Haustür _1_, Nachsehen vor der Tür _____

4. Erzähle eine Auflösung der Geschichte. Beziehe auch Sinneseindrücke, Gedanken und Gefühle in deine Darstellung ein. Du kannst so beginnen.

Vorsichtig lugte ich um die Ecke, als _____

_____

_____

_____

_____

_____

_____

_____

_____

_____

5. 📄 Denke dir zu den markierten Begriffen im Text auf Seite 12 einen anderen spannenden Erzählbeginn aus. Du kannst Wirkliches und Fantastisches miteinander verbinden. Arbeite im Heft.

6. Eine Schülerin hat für ihre Klassenkameraden einige Erzähltipps zusammengestellt. Streiche Tipps, die du für falsch hältst, mit einem roten Stift durch.

– Erzähle eigene Erlebnisse, dabei kannst du auch Dinge erfinden oder weglassen.
– ~~Beschreibe Figuren und Orte nicht so genau, sonst ist der Leser oder Zuhörer abgelenkt.~~
– Gedanken und Gefühle der Figuren sind notwendig, um sich in sie einfühlen zu können.
– Wörtliche Rede, die auch zu den Figuren passt, solltest du an wichtigen Stellen deiner Geschichte einfügen.
– ~~Sinneseindrücke solltest du weglassen, sonst wird der Text zu lang.~~
– Versuche die Zuhörer oder Leser zu fesseln, indem du die Handlung spannend erzählst und zu einem Höhepunkt führst.

Mündlich und schriftlich erzählen

● Eine Bildergeschichte erzählen

Schülerbuch S. 54 ■ Erzählen

 Um eine Bildergeschichte zu erzählen, musst du zunächst die **Bilder** genau **betrachten** und **Situation** und **Handlung erkennen**. Überlege, was zwischen den Bildern geschieht und stelle **Zusammenhänge** her. Für deinen Erzählplan notierst du Stichpunkte zu den einzelnen Bildern. Achte dabei auf **Mimik, Gestik** und **Körperhaltung der Figuren** und überlege auch, was sie sagen könnten.

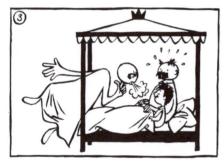 

© Südverlag

1. Notiere in Stichpunkten, was auf den einzelnen Bildern der Bildergeschichte zu sehen ist. Formuliere mögliche Zwischenschritte aus. Arbeite im Heft.

2. Betrachte Vater und Sohn auf den Bildern genau und ordne ihnen die folgenden Gedanken und Gefühle zu. Lege dir eine Tabelle an. Arbeite im Heft.

GEDANKEN: Ich dachte mein ganzes Leben lang, Gespenster gibt es gar nicht. – Der Geist sieht ja aus wie Martin bei unserer letzten Halloweenparty. – Ob die Bettdecke gegen Gespenster schützt? – Na, dieses Gespenst werde ich mal das Fürchten lehren! – Ich darf meine Angst nicht zeigen, sonst mache ich mich lächerlich.

GEFÜHLE: Er fühlte sich so klein und hilflos. – Er war wie gebannt. – Zufriedenheit breitete sich in ihm aus und zauberte ein Lachen auf sein Gesicht. – Er war angespannt und lauerte voll Angriffslust. – Nur für einen Moment erstarrte er, dann siegte die Neugier. – Kalter Angstschweiß überzog seine Stirn.

Anwendung

Das kannst du jetzt!

🌐 **Training interaktiv**
Erzählen
p7e5hp

1. Betrachte das Bild und nenne je drei Beispiele für wirkliche und fantastische Bestandteile.

Wirkliches: _____

_____

_____

Fantastisches: _____

_____

_____

2. 📄 Beschreibe die Figuren, die auf dem Bild dargestellt sind. Arbeite im Heft.

3. 📄 Suche eine Erzählidee zu dem Bild und erstelle einen Erzählplan. Achte darauf, dass
– die Erzählschritte sinnvoll aufeinander aufbauen und zu einem Höhepunkt führen,
– du Wirkliches mit Fantastischem verbindest,
– Anfang und Schluss vorhanden sind. Arbeite im Heft.

4. 📄 Schreibe eine Fantasiegeschichte. Beziehe Gedanken, Gefühle und wörtliche Rede der Figuren ein. Arbeite im Heft.

15

Mündlich und schriftlich erzählen

EXTRA: Üben

1. Erzählideen findest du, indem du überlegst, was du in letzter Zeit erlebt hast. Ordne folgende Erzählideen den Gefühlen in der Tabelle zu. Orientiere dich an dem Beispiel.

   neue Freundschaft   Paket ohne Absender   Spendenaufruf

   Lüge der kleinen Schwester   ~~Mutprobe~~   bestandene Aufnahmeprüfung

					Mutprobe
Nachdenklichkeit	Stolz	Glück	Wut	Verwunderung	Angst

2. Um anschaulich zu erzählen, musst du Figuren, Orte, Gegenstände und Ereignisse genau beschreiben. Formuliere die unterstrichenen Wortgruppen in den folgenden Sätzen mithilfe von Adjektiven, Verben, Vergleichen und Personifikationen aus. Orientiere dich an dem Beispiel und den Vorgaben.

   Plötzlich betrat sie ein <u>besonderes Zimmer</u>. ⟶ (groß, hell wie die Sonne)

   <u>großes, hell wie die Sonne strahlendes, sie freundlich einladendes Zimmer, das sie sanft in die Mitte zog</u>

   Sie trug eine <u>auffällige Jacke</u>. ⟶ (bunt, wie ein Clownskostüm geschnitten, im Wind flatternd)

   _____
   _____
   _____

   Heute herrschte <u>ungewöhnlicher Wind</u>. ⟶ (stürmisch, wie am Meer tobend, dass die Fenster klapperten)

   _____
   _____
   _____

   Drei Bäume standen <u>einsam in der Mitte der Wiese</u>. ⟶ (kahl und krumm, wie drei alte Frauen)

   _____
   _____
   _____

3. Überlege, wie in den folgenden Textausschnitten Spannung erzeugt wird. Ordne die sprachlichen Mittel am Rand richtig zu. Orientiere dich an dem Beispiel.

Auf einmal öffnete sich die Tür, es war eine alte Eichentür mit dicken Beschlägen, in der schon lange eine Familie von Holzwürmern lebte.	**Verzögerung**
Etwas stimmte hier nicht, schon die ganze Zeit war es, als wäre jemand im Raum.	**Gedanken/Gefühle**
Sie lagen gemütlich eingekuschelt und waren schon fast eingeschlafen, da knarrt die Tür.	**Tempuswechsel**
Als plötzlich die Tür leise knarrte, kroch ihnen ein kalter Schauer den Rücken hinunter. Hier spukt es doch wohl nicht, dachten sie.	**Andeutung**

4. Wähle für den folgenden Erzählanfang die passende Überschrift aus. Drei Möglichkeiten sind vorgegeben. Begründe deine Entscheidung.

Es regnete schon den ganzen Tag und nun begannen sich die Regentropfen in dicke Schneeflocken zu verwandeln, die eine sanfte weiße Decke über die graue Stadt ausbreiteten. Marvin lief noch durch die Straßen, obwohl die Nacht bereits angebrochen
5 war. Mit jedem Schritt wurde ihm kälter und kälter. Er begann zu frieren und beschleunigte seinen Gang. Rings um ihn war es still, er vernahm nicht einmal mehr seine eigenen Schritte. Erschrocken blieb er stehen und blickte sich um. Da waren in dem frischen Schnee keine Spuren zu sehen. Er machte vorsichtig den
10 nächsten Schritt, und noch einen, aber es zeigte sich kein Fußabdruck von ihm, so, als gäbe es ihn gar nicht …

Glück im Schnee   Eine seltsame Winternacht   Stadtgeschichten

Begründung: _____
_____

5. Verbinde je zwei der folgenden Sätze mithilfe der Bindewörter *sondern, nachdem, denn*. Du kannst die Sätze umstellen. Verändere auch die Satzanfänge und vergiss das Komma nicht. Arbeite im Heft.

Das Gespenst verbreitete ein schwaches Licht.

Das Gespenst war weiß.

Das Gespenst schien keine feste Form zu besitzen.

Das Gespenst bestand aus einer Art Nebel.

Das Gespenst zog an der Bettdecke.

Das Gespenst war bis ans Fußende geschwebt.

17

Tiere, Gegenstände und Wege beschreiben

Tiere genau beobachten und beschreiben

Schülerbuch S. 60 ■ Beschreiben

Betrachte das Tier, das du beschreiben willst, **genau** und notiere Stichpunkte.
Ordne deine **Beobachtungen** und überlege dir einen Aufbau für deine Beschreibung.
Du kannst mit der Einordnung des Tieres, dem Gesamteindruck oder auffälligen Besonderheiten beginnen.
Dann beschreibst du in einer **Reihenfolge** die äußeren Merkmale des Tieres, wie Größe, Körperbau, Farbe, Beschaffenheit und Aussehen einzelner Körperteile.
Eine Beschreibung muss **sachlich** sein und im **Präsens** stehen. Benutze beim Schreiben abwechslungsreiche Verben, treffende Adjektive und passende Vergleiche.

1. Betrachte die Abbildung des Leopardendrückerfisches genau und ordne die Stichpunkte in die Tabelle ein.
   - Lege eine Reihenfolge für die Oberbegriffe fest, wie sie in deiner Beschreibung vorkommen sollten.
   - Nummeriere sie entsprechend im Tabellenkopf. Orientiere dich an dem Beispiel.

5 Schwanz	4 Rücken	3 Kopf	2 Körperform	1 Allgemeines
7	1	5	4	2 wie aus Stoffresten zusammengesetzt
	8	6		9
				3

2. Die folgende Beschreibung des Leopardendrückerfisches ist leider ein wenig durcheinandergeraten.
   Sie soll aus vier Abschnitten bestehen:

   Allgemeines   Kopf   Körper   Schwanz

   - Bringe die Sätze in eine sinnvolle Reihenfolge, indem du sie mit der Farbe des passenden Abschnitts unterstreichst.
   - Nummeriere dann innerhalb eines Abschnitts die Sätze. Orientiere dich an dem Beispiel.

	1	Oberhalb der Augenpartie verläuft ein blassgelber Querstreifen.
1	B	Der obere Körperteil erscheint dunkel, während die schwarzweiß gefleckte Bauchseite heller wirkt.
	2	Der Fisch erinnert mit seiner Färbung an das Fell eines Leoparden.
	1	Unterhalb der Rückenflosse kann man ein gelbschwarzes Viereck erkennen.
1		Wo die Schwanzflosse beginnt, ist der Fisch besonders auffällig gefärbt.
2	3	Der Leopardendrückerfisch hat eine ovale Form, die zum Kopf und Schwanz hin schmaler wird.
2		Das kleine Fischmaul wird durch einen gelbschwarzen Streifen vom Körper abgegrenzt.
3	2	Das Auge ist kaum sichtbar.
4	1	Seine Grundfarbe ist schwarz.
2		Die schwarze Schwanzflosse hat einen hellen Streifen.
3		Die Rückenflosse schimmert durchsichtig blau.

3. Kreuze an, welcher der folgenden Sätze für die Einleitung einer Beschreibung des Leopardendrückerfisches am besten geeignet ist. Begründe deine Auswahl.

☐ Dieser Fisch hat mir im Aquarium besonders gefallen.

☐ Besonders auffällig und interessant ist der Rücken des Leopardendrückerfisches.

☒ Ich beschreibe den Leopardendrückerfisch aus dem Meerwasseraquarium.

Einen Gegenstand beschreiben

Schülerbuch S. 66 ■ **Beschreiben**

Betrachte den Gegenstand, den du beschreiben willst, **genau** oder stelle ihn dir vor.
Notiere Stichpunkte zu Art und Funktion des Gegenstandes, Aussehen, Einzelteilen und auffälligen Besonderheiten. **Ordne deine Informationen** zum Beispiel vom Auffälligen zum Unauffälligen, von außen nach innen oder von oben nach unten.

1. Suche aus dem folgenden Wortgitter zehn Adjektive heraus und schreibe sie auf.

F	B	L	A	N	K	E	N	Z	L	O	A
T	I	E	F	S	C	H	W	A	R	Z	S
Q	L	D	S	C	H	M	A	L	U	A	C
S	C	H	I	C	K	T	K	M	Z	R	H
O	Q	G	T	H	E	L	L	R	O	T	G
V	P	B	H	K	L	Ü	J	M	C	W	R
A	F	G	R	Z	U	I	K	N	F	E	A
L	Y	E	C	K	I	G	D	X	U	I	U
K	A	R	I	E	R	T	H	K	J	ß	L

19

Tiere, Gegenstände und Wege beschreiben

2. Eva hat während ihres Zoobesuches ihr Notizbuch verloren. An der Information gibt sie eine Beschreibung ab. Setze in die Lücken ihrer Beschreibung die Adjektive aus Aufgabe 1 an passender Stelle ein. Orientiere dich an der Abbildung.

Das Notizbuch mit dem _____, _____

Ledereinband habe ich erst vor Kurzem zum Geburtstag

geschenkt bekommen. Die _____ Blumenranken auf

dem Buchdeckel lassen es sehr _____ aussehen.

Die Seiten werden von einem _____ _____

Gummiband zusammengehalten, das an einem _____

_____ Holzknopf befestigt ist. Am rechten unteren Rand steht in _____ Groß-

buchstaben mein Name. In dem Buch waren erst wenige der _____ Seiten beschrieben.

● Einen Weg beschreiben

Schülerbuch S. 68 ■ Beschreiben

 Wenn du einen Weg beschreiben willst, benenne **Anfang** und **Ziel** der Strecke. Verwende, wenn nötig, eine Karte oder eine Skizze. Erwähne in der Beschreibung **Orts-** und **Straßennamen**. Nutze **Gebäude** oder andere markante Punkte als **Orientierungshilfe**. Achte auf die richtige Reihenfolge und gib **geschätzte Entfernungen** an. Hilfreich sind treffende **Richtungsangaben**.
links, rechts, geradeaus, in Richtung, abwärts

1. Franz hat einem Freund den direkten Fußweg vom Haupteingang des Bahnhofs zum Zoo beschrieben. Dabei ist ihm ein Fehler unterlaufen. Überprüfe die Beschreibung mithilfe des Stadtplans und berichtige den fehlerhaften Satz. Arbeite im Heft.

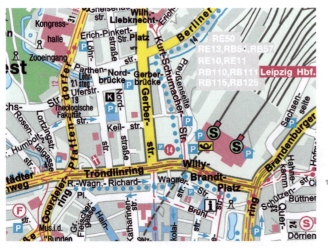

Wenn du den Bahnhof am Haupteingang verlässt, wendest du dich nach rechts und läufst über den Willy-Brandt-Platz in Richtung Gerberstraße. Du überquerst die
5 Kreuzung Gerberstraße/Tröndlinring und biegst nach etwa 500 m nach links in die Löhrstraße ein. Ihr folgst du ungefähr einen halben Kilometer, bis du auf die Parthenstraße stößt. Dort gehst du nach links und
10 nach 100 m gelangst du, nachdem du die Pfaffendorfer Straße überquert hast, an den Haupteingang des Zoos. Für den gesamten Weg benötigst du ungefähr 12 Minuten.

Anwendung

Das kannst du jetzt!

Training interaktiv
Beschreiben
wn6w3i

1. Lege für den hier abgebildeten Wimpelfisch einen Beschreibungsplan an, indem du Stichpunkte zum Aussehen des Fisches sammelst. Orientiere dich an der Abbildung. Arbeite im Heft.

2. Wähle aus den Vorgaben treffende Formulierungen für eine Beschreibung des Wimpelfisches aus. Ordne sie in die Tabelle ein. Orientiere dich an dem Beispiel.

- längliche Körperform
- schwarzweiß gestreift
- die Rückenflosse sieht aus wie eine Antenne 5
- schmale Schlitzaugen
- samtig schwarze Bauchflosse 1
- das Maul ist spitz wie eine Flöte 2
- Augen rund wie Knöpfe 6
- rundlicher Körper 4
- leuchtend gelbe Schwanzflosse 3
- orangefarbener Kopf
- Schuppen glänzen wie Silber 7

Formulierung mit Adjektiven	Formulierung mit Vergleichen
schwarzweiß gestreift	2
	1
	5
	6
	7

3. Verfasse eine Beschreibung des Wimpelfisches. Du kannst so beginnen. Arbeite im Heft.

In vielen Meerwasseraquarien findet man den Wimpelfisch. Er ist aufgrund seiner Körperform und Färbung recht auffällig.

Tiere, Gegenstände und Wege beschreiben

EXTRA: Üben

Tiere beschreiben

1. Anne beschreibt einen Fisch, der ihr im Aquarium am besten gefallen hat. Sieh dir die Abbildungen genau an und entscheide, auf welchen Fisch Annes Beschreibung zutrifft.

> *Er hat eine runde Körperform, ist aber seitlich abgeflacht. Seine Körperfarbe ist hauptsächlich gelb. Das Gesicht ist, ebenso wie der restliche Körper, von gelben Längsstreifen durchzogen. Das Maul ist spitz und nach vorn verlängert. Der vordere Teil der Rückenflosse sieht gezackt aus wie ein Kamm. Direkt über der fast durchsichtig scheinenden Schwanzflosse befindet sich auf der hinteren Rückenflosse ein kreisrunder schwarzer Augenfleck. Zwischen Körper und Schwanzflosse ist ein senkrechter schwarzer Strich erkennbar.*

Pinzettfisch

Kaiserfisch

Felsschönheit

Clownfisch

2. Unterstreiche in Annes Darstellung alle Textstellen, die den Fisch anschaulich beschreiben.

3. Überarbeite die folgende Beschreibung eines Clownfisches, indem du die Satzanfänge abwechslungsreich gestaltest, Sätze miteinander verbindest und treffendere Verben einsetzt. Die Wörter in den Kästen geben dir eine Hilfestellung.

Der Clownfisch wird auch Harlekinfisch genannt.
Der Clownfisch lebt in den Korallenriffen des Indischen Ozeans.
Der Clownfisch lebt in kleinen Gruppen oder paarweise.
Er lebt in der Nähe von Anemonen.
5 Er wird von der Anemone beschützt.
Er ist ein schlechter Schwimmer.
Er ist ein farbenfroher Fisch.
Er ist oft in Aquarien zu sehen.
Der Clownfisch hat eine auffällige orange-gelbe Grundfarbe.
10 Er hat drei weiße Querstreifen auf dem Körper. An den Rändern der weißen Streifen hat er schwarze Striche.
Er wird ungefähr 10 cm groß. Er wird bis zu 10 Jahre alt.

> besitzen, gekennzeichnet sein, sich befinden, betragen
>
> der Fisch, das Tier, das Lebewesen
>
> seine Größe, sein Alter, sein Lebensraum
>
> er, ihn
>
> weil, deshalb, dazwischen

___

___

___

___

___

___

Wege beschreiben

4. Martin hat einem Besucher am Zooeingang den Weg zu den Elefanten beschrieben. Vervollständige seine Beschreibung durch genaue Richtungsangaben und Orientierungspunkte, indem du die Vorgaben an passender Stelle einsetzt.

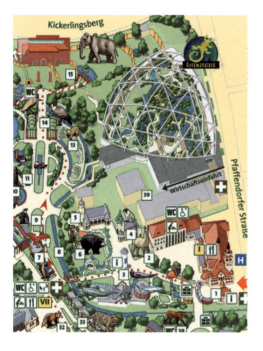

Wenn Sie den Eingangsbereich verlassen haben, gehen Sie weiter _____ an den _____ vorbei. Sie halten sich _____ und gehen über die _____. Dann biegen Sie _____ ab und folgen dem Weg _____, bis Sie auf einen freien _____ kommen. Sie haben _____ die _____ gelassen. Nun folgen Sie dem Weg _____ und sehen _____ das _____. Als Nächstes überqueren Sie wieder _____ und wenden sich dann _____. _____ kommen Sie _____ zu den _____.

nach rechts — links — etwa 100 m — links hinter sich — einen kleinen Fluss — Flamingos — Pinguine — Brücke — Platz — zur rechten Seite — geradeaus — Geiergehege — weiter geradeaus — Elefanten — auf der rechten Seite — geradewegs — nach einigen Metern

Erzählende Texte untersuchen

Handlungsverlauf erkennen und Figuren verstehen

Schülerbuch S. 94 ▪ Erzählende Texte

Der **Handlungsverlauf** von Geschichten führt oft in **Handlungsschritten** zu einem **Höhepunkt**. Mittel, um die **Spannung** zu steigern, sind die **Verzögerung der Handlung** oder **Andeutungen** von einem späteren Ereignis oder etwas Geheimnisvollem.
Um eine **Figur** zu **verstehen**, kannst du dir Fragen zum Beispiel zu Aussehen, Eigenschaften, Gedanken und Gefühlen der Figur überlegen und eine **Rollenbiografie** schreiben. Für Antworten, die du nicht im Text findest, sind dein Einfühlungsvermögen und deine Fantasie gefragt.

James Krüss: Timm Thaler oder das verkaufte Lachen (Ausschnitt)

Das erste Rennen näherte sich gerade seinem Höhepunkt, als Timm zur Pferderennbahn kam. Die Zuschauer brüllten und pfiffen, und immer öfter und immer lauter ertönte der Name „Ostwind". Timm stand da und atmete schwer, und das hatte zwei Gründe. Erstens war er gelaufen, und zweitens schien ihm plötzlich, irgendwo zwischen diesen schreienden, lärmenden Leuten müsse sein
5 Vater stehen. Er hatte mit einem Male das Gefühl, wieder zu Hause zu sein. Dies war der Ort, an dem er mit dem Vater allein gewesen war. Ohne Stiefmutter. Und ohne Erwin. Alle Sonntage mit dem Vater waren in dieser Menschenmenge, in diesem Lärmen und Schreien versammelt. Es gab keinen Friedhof mehr und keine Tränen. Timm fühlte sich merkwürdig ruhig, beinahe heiter. Als die Menge der Zuschauer plötzlich aufjubelte und wie aus einem Munde der Name „Ostwind"
10 aufklang, lachte Timm sogar sein drolliges Lachen mit dem Schlucker am Schluss. Er erinnerte sich nämlich an eine Bemerkung seines Vaters, der gesagt hatte: „Ostwind ist noch jung, Timm, zu jung vielleicht; aber eines Tages wird man von ihm sprechen."
Und jetzt sprach man von „Ostwind"; aber der Vater hatte es nicht mehr erlebt. Timm wusste selbst nicht, warum er darüber hatte lachen müssen. […]
15 Ein Herr in Timms Nähe, der das drollige Lachen gehört hatte, drehte mit einem Ruck den Kopf und betrachtete den Jungen aufmerksam. Er strich sich nachdenklich das lange Kinn und ging dann kurz entschlossen auf den Jungen zu, aber so, dass er haarscharf an Timm vorübereilte
20 und ihm dabei auf den Fuß trat.
„Verzeihung, Kleiner", sagte er dabei. „Es war nicht meine Absicht."
„Das macht nichts", lachte Timm. „Ich habe sowieso staubige Schuhe." Dabei warf er einen
25 Blick auf seine Füße und sah plötzlich vor sich auf dem Rasen ein blankes Fünfmarkstück liegen. Der Herr war weitergeeilt, und niemand stand in Timms Nähe. Da setzte der Junge rasch einen Fuß auf die Münze, sah sich misstrauisch
30 um, tat, als wolle er seine Schnürsenkel binden, hob schnell und verstohlen das Geldstück auf und ließ es in die Tasche gleiten.

Betont langsam schlenderte Timm weiter, als ein langer, dürrer Herr in einem karierten Anzug auf ihn zutrat und fragte: „Na, Timm, willst du wetten?" Der Junge sah verstört zu dem Unbekannten
35 auf. Er bemerkte nicht, dass es derselbe Herr war, der ihn kurz zuvor auf den Fuß getreten hatte. Der Fremde hatte einen Mund wie ein Strich und eine schmale Hakennase, unter der ein ganz dünner schwarzer Schnurrbart saß. Über stechenden, wasserblauen Augen hatte er eine Ballonmütze tief in die Stirn gezogen. Und die Mütze war so kariert wie der Anzug des Unbekannten.
Timm fühlte, als der Herr ihn so unvermittelt ansprach, einen Kloß in der Kehle. „Ich … ich habe
40 kein Geld zum Wetten", brachte er schließlich stockend hervor.
„Doch, du hast fünf Mark", sagte der Fremde. Dann fügte er in leichtem Ton hinzu: „Ich sah zufällig, wie du das Geld fandest. Falls du damit wetten willst, nimm diesen Schein. Ich habe ihn schon ausgefüllt. Ein todsicherer Tipp."
Timm, der abwechselnd blass und rot geworden war, bekam jetzt im Gesicht langsam seine natür-
45 liche Farbe zurück, eine Art Haselnussbraun (ein Erbteil seiner Mutter). Er sagte: „Kinder dürfen nicht wetten, glaube ich." Und wieder sprach er mit Stocken.
Aber der Fremde ließ nicht locker. „Dieser Rennplatz", sagte er, „ist einer der wenigen, auf denen Kindern das Wetten nicht ausdrücklich verboten ist. Ich gebe zu, dass es auch nicht ausdrücklich erlaubt ist; aber immerhin gestattet man es. Also, Timm, wie denkst du über meinen Vorschlag?"
50 „Ich kenne Sie ja gar nicht", sagte Timm leise. (Erst jetzt fiel ihm auf, dass der Herr ihn mit seinem Vornamen angeredet hatte.)
„Aber ich weiß sehr viel von dir", erklärte der Fremde. „Ich kannte deinen Vater."
Das gab den Ausschlag. Zwar konnte der Junge sich schwer vorstellen, dass sein Vater mit einem so merkwürdig feinen Herrn Umgang gehabt hatte; aber da der Fremde Timms Namen wusste, musste
55 er wohl in irgendeiner Form mit dem Vater bekannt gewesen sein.
Nach kurzem Zögern nahm Timm den ausgefüllten Wettschein an, holte das Fünfmarkstück aus seiner Tasche und ging zum Schalter. […]
Das zweite Rennen begann, und das Pferd, auf das Timm gesetzt hatte, gewann mit fünf Längen Vorsprung. Der Junge erhielt am Schalter so viele Geldscheine, wie er sie noch nie auf einem Hau-
60 fen gesehen hatte. Wieder wurde er abwechselnd blass und rot. Aber diesmal vor Freude und Stolz. Strahlend zeigte er jedermann seinen Gewinn.

1. Lies den Ausschnitt aus dem Buch „Timm Thaler oder das verkaufte Lachen" und formuliere deinen ersten Eindruck.

2. Markiere im Text die Handlungsschritte. Fasse den Inhalt eines Handlungsschrittes kurz zusammen und gib an, wo er sich im Text befindet. Orientiere dich an dem Beispiel. Arbeite im Heft.

1. Schritt: Zeile 1–14, Timm ist zum ersten Mal allein auf der Pferderennbahn und erinnert sich an den Vater.

3. Schreibe für Timm eine Rollenbiografie.
– Unterstreiche Textstellen, die Auskunft über den Jungen geben.
– Notiere Fragen zu den unten stehenden Stichworten und beantworte sie mithilfe des Textes oder deiner Vorstellungskraft. Arbeite im Heft.

Alter · Aussehen · Lebensumstände · Besonderheiten · Sprache
Gedanken und Gefühle · Eigenschaften · Wünsche und Träume

Erzählende Texte untersuchen

4. Als der fremde Herr die Wette anbietet, verändert sich Timms Sprache. Suche die entsprechenden Textstellen mit Zeilenangabe heraus und notiere mögliche Gründe für diese Veränderung.

Textstellen: _____

Gründe: _____

_____

_____

Der fremde Herr schenkt Timm noch einmal fünf Mark, damit der Junge erneut sein Wettglück erproben kann. Aber wie schon zuvor geht das gewonnene Geld auch diesmal verloren. Wieder hilft der fremde Herr und schlägt Timm ein Geschäft vor.

Endlich begann der karierte Herr vom Geschäft zu reden. „Mein lieber Timm", fing er an, „ich biete dir Geld, soviel du willst. Ich kann es dir nicht in klingender Münze auf den Tisch zählen. Aber ich kann dir die Fähigkeit verleihen, jede Wette zu gewinnen, jede, verstehst du?"
Timm nickte beklommen **(?)**, hörte aber genau zu.
5 „Natürlich verleihe ich dir diese Fähigkeit nicht umsonst, das wirst du verstehen. Solch eine Fähigkeit hat ihren Wert."
Wieder ein Kopfnicken **(?)**. Und dann Timms erregte Frage: „Was verlangen Sie?"
Einen Augenblick zögerte der Fremde und sah Timm nachdenklich an. „Was ich ver – lan – ge, möch – test du wis – sen?" Er zerdehnte die Wörter wie Kaugummi. Aber dann überstürzten sich
10 die Worte so, dass man sie kaum verstehen konnte: „…chvrlangedeinlchendfür!"
Der Fremde merkte wohl, dass er zu schnell und zu unverständlich gesprochen hatte. So wiederholte er den Satz: „Ich verlange dein Lachen dafür." **(?)**
„Mehr nicht?", fragte Timm lachend.
Aber als die braunen Augen ihn merkwürdig, fast traurig ansahen, verstummte das Lachen ohne den
15 gewöhnlichen Schlussschlucker.
„Also?", fragte der karierte Herr. „Einverstanden?"

5. Lies den Ausschnitt aus „Timm Thaler oder das verkaufte Lachen" und überlege, wie du dieses Geschäft findest.

6. Füge an den Stellen mit Fragezeichen Timms Gedanken und Gefühle ein. Arbeite im Heft.

◐ Märchen untersuchen

Schülerbuch S.104 ■ Erzählende Texte

Die **Handlung** von Märchen spielt an **unbestimmten Orten** und zu **unbestimmten Zeiten** und läuft meist von einer **Ausgangssituation** über **Proben und Aufgaben** zu einer **Lösung** und einem **glücklichen Ende**. Die **Figuren** in Märchen sind **Typen**. Es erscheinen Lebewesen, Dinge und Ereignisse aus einer nichtwirklichen Welt. **Anfang** und **Schluss** bestehen aus **formelhaften Wendungen**.
Es war einmal …, Und wenn sie nicht gestorben sind …

Jakob und Wilhelm Grimm: Der Bauer und der Teufel

Es war einmal ein kluges und verschmitztes Bäuerlein, von dessen Streichen viel zu erzählen wäre. Eines Tages hatte das Bäuerlein seinen Acker bestellt und rüstete sich zur Heimfahrt, als die
5 Dämmerung schon eingetreten war. Da erblickte er mitten auf seinem Acker einen Haufen feuriger Kohlen, und als er voll Verwunderung hinzuging, so saß oben auf der Glut ein kleiner schwarzer Teufel.
10 „Du sitzest wohl auf einem Schatz?", sprach das Bäuerlein. „Jawohl", antwortete der Teufel, „auf einem Schatz, der mehr Gold und Silber enthält, als du dein Lebtag gesehen hast."
„Der Schatz liegt auf meinem Feld und gehört
15 mir", sprach das Bäuerlein. „Er ist dein", antwortete der Teufel, „wenn du mir zwei Jahre lang die Hälfte von dem gibst, was dein Acker hervorbringt."
Das Bäuerlein ging auf den Handel ein.
20 „Damit aber kein Streit bei der Teilung entsteht", sprach es, „so soll dir gehören, was über der Erde ist, und mir, was unter der Erde ist."
Dem Teufel gefiel das wohl, aber das listige Bäuerlein hatte Rüben gesät. Als nun die Zeit der Ernte kam, so erschien der Teufel und wollte seine Frucht holen, er fand aber nichts als die gelben welken Blätter, und das Bäuerlein, ganz vergnügt, grub seine Rüben aus.
25 „Einmal hast du den Vorteil gehabt", sprach der Teufel, „aber für das nächste Mal soll das nicht gelten. Dein ist, was über der Erde wächst, und mein, was darunter ist."
„Mir auch recht", antwortete das Bäuerlein.
Als aber die Zeit der Aussaat kam, säte das Bäuerlein nicht wieder Rüben, sondern Weizen. Die Frucht ward reif, das Bäuerlein ging auf den Acker und schnitt die vollen Halme bis zur Erde ab. Als
30 der Teufel kam, fand er nichts als die Stoppeln und fuhr wütend in eine Felsenschlucht hinab. „So muss man die Füchse prellen", sprach das Bäuerlein, ging hin und holte sich den Schatz.

1. Lies das Märchen „Der Bauer und der Teufel" und unterteile den Text in Märchenanfang, Märchenhandlung und Märchenende. Schreibe die Zeilenangaben heraus.

2. Markiere die Textstellen, die der nichtwirklichen Welt angehören.

3. Erläutere mit eigenen Worten, worin die Schläue des Bauern besteht.

Erzählende Texte untersuchen

Sagen erforschen

Schülerbuch S. 110 ■ Erzählende Texte

Sagen sind kurze **mündliche Erzählungen**. Sie beinhalten wie Märchen **fantastische Figuren und Handlungen**, haben aber einen **historischen** (wahren) **Kern**. Sagen entstanden in Zeiten, in denen sich die Menschen vieles noch nicht wissenschaftlich erklären konnten.

Des Teufels Schindel

Einem Bauern im Paznauertale brannte sein Haus ab. Er wollte an seiner Stelle gerne ein neues bauen, war aber in keiner Feuerversicherung und besaß kein Geld. Daher nahm er seine Zuflucht zum Teufel und gelobte ihm auf Verlangen sein einziges Kind, wenn ihm der Teufel vom Abend bis zum ersten morgendlichen Hahnenschrei ein neues Haus fertig baue.

5 Bald nach dem Abschluss des Paktes bereute ihn der Bauer und wurde tief niedergeschlagen, weshalb seine Frau ihn fragte, warum er so traurig sei. Der Mann sagte ihr offen den Grund. Sie sagte ihm ebenso offen, dass er ein nichtsnutziger Lump sei, der um ein Haus sein eigenes Kind dem Bösen opfere. Wie nun der Bauer heulte, dass es zum Erbarmen war, sprach die Frau, er möge sich nur beruhigen, sie wolle die Sache schon richten.

10 In der Nacht ging das Bauen los, und das Haus wuchs zusehends. Schon stand es unter Dach und Fach, und der Teufel, nachdem er sich zuvor als erstaunlich rascher Maurer, Zimmermann, Tischler, Schlosser und Glaser gezeigt, zeigte sich nun ebenso als Dachdecker. Jetzt war es Zeit, etwas zu tun: Die Frau fing ihren Hahn, tauchte ihn in einen Zuber voll Wasser und ließ ihn laufen. Just fehlte

15 nur noch eine Schindel – der Hahn aber war ärgerlich, schüttelte und pluderte sich und krähte laut seinen Zorn in die Nachtluft hinaus. Der Teufel, der eben die letzte Schindel einziehen wollte, erschrak und meinte, sich verspätet zu

20 haben, zumal alle Hähne der Nachbarschaft, vom Schlafe aufgewacht, nun auch zu krähen begannen, obschon es noch viel zu früh war. Da fuhr der Teufel voller Zorn ohne Kind auf und davon. Der Bauer ließ nun das Haus innen auskleiden

25 und fertig machen und zog mit den Seinen hinein. Im Dach blieb jedoch stets eine Lücke. Niemals blieb eine Schindel dort liegen, wo des Teufels Schindel fehlte, und kein Mensch vermochte dort eine zu befestigen.

1. Lies die Sage „Des Teufels Schindel" und überlege, ob sie dir gefällt. Begründe deine Entscheidung.

2. Schreibe eine Vermutung auf, welches Ereignis oder welche Erscheinung sich die Menschen damals vielleicht nicht erklären konnten. Arbeite im Heft.

3. Formuliere mit eigenen Worten den wahren Kern der Sage.

_____

_____

Das kannst du jetzt!

Training interaktiv
Erzählende Texte
k58f2m

Wie die Insel Hiddensee entstand

Als Mönche im neunten Jahrhundert nach Rügen kamen, reiste einer von ihnen bis nach dem äußersten Westen der Insel Rügen. In einem Fischerdorf bat er spät abends an einer
5 Hüttentür um Einlass und Aufnahme, wurde jedoch von einer Frau, die man Mutter Hidden nannte, wie ein Bettler mit harten Worten abgewiesen. Da wandte er sich an die Nachbarin, die Mutter Vidden hieß und eine arme Witwe
10 war. Hier wurde er eingelassen, und die gute Frau bereitete ihm ein einfaches Mahl und ein Nachtlager.
Am andern Morgen dankte ihr der Mönch und schied mit den Worten: „Ich habe nicht Gold
15 und Silber, um dir die freundliche Aufnahme zu bezahlen, doch deine erste Arbeit an diesem Tag soll dir gesegnet sein."
Die Frau achtete nicht weiter auf diese Worte. Sie nahm ihre selbstgewebte Leinwand zur
20 Hand, um sie zu messen. Damit wollte es nun kein Ende nehmen, sie maß und maß den

ganzen Tag, bis die Sonne unterging. So bekam sie ihr ganzes Haus voll Leinwand, und die Rolle war immer noch nicht kleiner geworden. Jetzt entsann sie sich der Worte des Mönchs und verstand auch ihren Sinn. Sie war eine reiche Frau geworden!
25 In ihrer Freude lief sie zu Mutter Hidden und erzählte von ihrem Glück. Ach, wie wurde Mutter Hidden neidisch, wie bereute sie es, den Mönch abgewiesen zu haben!
Nach einiger Zeit kam der Mönch wieder in das entlegene Fischerdorf. Mutter Hidden ging ihm schon entgegen und lud ihn ein, bei ihr zu essen und zu übernachten. Sie bereitete mit vielen Worten ein gutes Mahl, und er bekam das beste Bett für die Nacht. Als sich der Gast am Morgen
30 verabschiedete, gebrauchte er dieselben Worte wie bei der armen Witwe. Darauf hatte die Frau nur gewartet, und sie beschloss, sogleich die im Spartopf gesammelten Taler zu zählen und dadurch ihr ganzes Haus mit Silbergeld zu füllen. In dem Moment aber …

1. Prüfe, ob der vorliegende Text der Anfang einer Sage oder eines Märchens ist. Begründe deine Entscheidung.

2.  Vergleiche in Stichpunkten Mutter Vidden und Mutter Hidden miteinander. Arbeite im Heft.

3.  Notiere die Gedanken Mutter Hiddens, als ihre Nachbarin Mutter Vidden von ihrem Glück erzählt. Arbeite im Heft.

4. Beende den Text und erzähle, wie die Insel Hiddensee entstanden sein könnte. Beachte dabei, dass Mutter Hidden statt des geplanten Geldzählens eine Tätigkeit beginnt, bei der viel Wasser entsteht. Arbeite im Heft.

29

Erzählende Texte untersuchen

EXTRA: Üben

Handlungsverlauf verstehen

James Krüss: Timm Thaler oder das verkaufte Lachen (Ausschnitt)

Links hatte Herr Lefuet bereits unterschrieben. Timm fand, dass dies ein ordentlicher Vertrag war. Er nahm einen Bleistiftstummel aus der Tasche und wollte unterschreiben. Aber Herr Lefuet hinderte ihn daran. „Wir müssen mit Tinte unterschreiben", sagte er und reichte Timm einen Füllfederhalter, der aus purem Gold zu sein schien und sich merkwürdig warm anfühlte, so, als sei er
5 mit lauwarmem Wasser gefüllt. Aber der Junge bemerkte weder das Gold noch die Wärme des Füllfederhalters. Er dachte nur an seinen künftigen Reichtum und setzte unter die beiden Dokumente kühn seinen Namen. Er unterschrieb mit roter Tinte.
Kaum war dies geschehen, als Herr Lefuet auf die allerhübscheste Weise zu lachen anfing und danke schön sagte. Timm sagte bitte sehr und versuchte ebenfalls zu lachen, aber er brachte nicht einmal
10 ein Lächeln zustande. Seine Lippen pressten sich gegen seinen Willen aufeinander, und sein Mund wurde ein schmaler Strich.

1. Kreuze an, welche Aussagen zutreffen.

☐ Herr Lefuet unterschreibt den Vertrag nicht.
☐ Timm kann nicht mehr lachen.
☐ Timm merkt die Besonderheiten des Füllfederhalters nicht und unterschreibt.
☐ Timm kauft sich einen Stift.
☐ Herr Lefuet schenkt Timm den goldenen Stift.
☐ Herr Lefuet lacht Timms Lachen.
☐ Timm ist mit dem Vertrag zufrieden und will mit einem Bleistift unterschreiben.
☐ Timm soll mit einem besonderen Füllfederhalter unterschreiben.

2. Schreibe aus dem Text in Stichpunkten alle Angaben heraus, die zu dem Füllfederhalter gemacht werden. Überlege, was hinter den Andeutungen stecken könnte, und beantworte die Frage unten.
Tipp: Lies auch den Namen des fremden Herrn rückwärts.

_____

_____

_____

_____

_____

Womit hat Timm wahrscheinlich unterschrieben? _____

Märchen und Sagen

Die Schlickerlinge*

Es war einmal ein Mädchen, das war schön, aber faul und nachlässig. Wenn es spinnen sollte, so war es so verdrießlich, dass, wenn ein kleiner Knoten im Flachs war, es gleich einen ganzen Haufen mit herausriss und neben sich zur Erde schlickerte. Nun hatte es ein Dienstmädchen, das war arbeitsam, suchte den weggeworfenen Flachs zusammen, reinigte ihn, spann ihn fein und ließ sich ein hübsches Kleid daraus weben. Ein junger Mann hatte um das faule Mädchen geworben, und die Hochzeit sollte gehalten werden. Auf dem Polterabend tanzte das fleißige in seinem schönen Kleide lustig herum, da sprach die Braut:

„Ach, wat kann dat Mäken springen
in minen Slikerlingen."

Das hörte der Bräutigam und fragte die Braut, was sie damit sagen wollte. Da erzählte sie ihm, dass das Mädchen ein Kleid von dem Flachs trüge, den sie weggeworfen hätte. Wie der Bräutigam das hörte und ihre Faulheit bemerkte und den Fleiß des armen Mädchens, so ließ er sie stehen, ging zu jener und wählte sie zu seiner Frau. Und wenn sie nicht gestorben sind, so leben sie noch heute.

*weggeworfene Flachsreste; aus Flachs wurde Leinen hergestellt

Riesenstreit

Bei Kläden und Steinfeld liegen gewaltig große Steinhaufen; die sollen so dahin gekommen sein: Vor Zeiten haben an beiden Orten Riesen gewohnt und zusammen einen Backofen in Kläden gehabt. Wenn der heiß gewesen ist, hat der Klädensche an den Backtrog geklopft. Dann ist der Steinfeldsche mit seinem Teig herübergekommen und hat gebacken.
Das ist lange Zeit ganz gut gegangen, aber eines Morgens ist's noch früh, da kratzt der Klädensche seinen Backtrog aus, und da grade eine Fliege drin sitzt, schlägt er sie tot. Das gibt einen solchen Schall, dass es der Steinfeldsche hört. Und da er glaubt, der Backofen sei heiß, kommt er mit seinem Teig herüber, erzürnt sich aber sehr, als er sich getäuscht sieht, und gerät mit dem Klädenschen in großen Streit. Zankend trennen sie sich, und als der Steinfeldsche zu Hause ist, beginnt er mit großen Steinen zu werfen. Der aus Kläden lässt sich das nicht bieten und wirft mit noch größeren zurück. Und seit der Zeit liegen die gewaltigen Blöcke an beiden Orten.

3. Vergleiche die beiden Texte und entscheide, welcher eine Sage und welcher ein Märchen ist. Liste die Merkmale auf, an denen du das erkannt hast. Arbeite im Heft.

4. In dem Text „Die Schlickerlinge" spricht die Braut in einer Mundart den Vers „Ach, wat kann dat Mäken springen in minen Slikerlingen". Erschließe dir die Bedeutung dieser Worte aus dem Textzusammenhang und schreibe eine Übersetzung auf.

Gedichte untersuchen

Inhalt und Form von Gedichten erkennen

Schülerbuch S.116 ■ **Gedichte**

Gedichte sind oft Ausdruck für Gefühle, Gedanken und Wahrnehmungen. Sie wirken besonders durch **sprachliche Bilder**, wie **Vergleiche** und **Personifikationen**.
   Die Sonne lacht. (Personifikation); *sich freuen wie ein König* (Vergleich).
Gedichte haben eine besondere Form. Sie besitzen häufig **Strophen, Verse** und **Reime**, wobei es **Paarreime (aabb)** und **Kreuzreime (abab)** gibt.
Du kannst Gedichte besser verstehen, wenn du sie mehrfach **betont liest**, erste Eindrücke und das **Thema benennst** und mithilfe von **W-Fragen** und wichtigen Wörtern den Inhalt jeder Strophe kurz wiedergibst.

Georg Bydlinski: Die Dinge reden

„Ich reime mich auf Zuckerbäcker",
Sagt der alte Rasselwecker.

„Ich reime mich auf Nasenflügel",
Sagt der linke Brillenbügel.

5 Es brummelt stolz die Tiefkühltruhe:
„Ich reime mich auf Stöckelschuhe."

Und die Standuhr sagt:
„Merkt ihr es nicht?
Wir sind ein Gedicht!"

1. Begründe, weshalb die Standuhr recht hat.

_____

_____

2. Beschreibe die Form des Gedichts. Suche dazu passende Formulierungen aus den folgenden Kästen heraus und bringe sie schriftlich in eine sinnvolle Reihenfolge.

- Die Verse des Gedichtes stehen im Kreuzreim.
- Das Gedicht besitzt vier Strophen.
- Es gibt auch Verse.
- Die ersten drei Strophen des Gedichts umfassen je zwei Verse, die vierte Strophe besteht aus drei Versen.
- Erste und zweite Zeile reimen sich nicht.
- Verfasst wurde das Gedicht im Paarreim.
- Das Gedicht hat einen Strophenaufbau.

_____

_____

3. Ergänze nach dem Muster dieses Gedichts mithilfe der vorgegebenen Wörter weitere Strophen. Ersetze dabei auch „sagen" und „brummeln" durch andere Verben desselben Wortfeldes, wie *rufen, flüstern, meinen, raunen, schreien, lachen, wispern*. Arbeite im Heft.

Kuscheldecke   Brummelhummel   Zimmerecke   Küchenmesser   Bilderrahmen
Kellerfenster   Menschenfresser   Blumensamen   Bleistiftstummel   Nachtgespenster

Fredrik Vahle: **Die wundersame Wirkung von Sprache und Spucke oder**
Keine Angst vor fernen Planeten oder
Nächtliches Schauspiel am Dorfteich

Du
wirst vor mir erzittern!
Sagte zum Mond
5 die Maus
und spuckte
ins Wasser.

4. Beschreibe die Form dieses Textes. Begründe, wieso er auch ein Gedicht ist.

_____

_____

_____

5. Beantworte für dich folgende W-Fragen: *Wer* sagt *Was* zu *Wem*?
– Überlege, welche Absicht hinter dem Gesagten stecken könnte?
– Vergleiche sie schriftlich mit der nachfolgenden Handlung. Arbeite im Heft.

6. Der Autor fand drei Überschriften für das Gedicht. Untersuche, ob jede passend ist und entscheide dich für eine. Begründe deine Entscheidung.

Überschrift: _____

Begründung: _____

_____

7. Zeichne zu dem Gedicht von Fredrik Vahle eine kurze Bildergeschichte. Arbeite im Heft.

Gedichte untersuchen

Gustav Falke: Närrische Träume

Heute Nacht träumte mir,
ich hielt den Mond in der Hand,
wie eine große, gelbe Kegelkugel,
und schob ihn ins Land,
5 als gälte es alle Neune.
Er warf einen Wald um, eine alte Scheune,
zwei Kirchen mitsamt den Küstern*, o weh,
und rollte in die See.

Heute Nacht träumte mir,
10 ich warf den Mond ins Meer.
Die Fische all erschraken,
und die Wellen spritzten umher
und löschten alle Sterne.
Und eine Stimme, ganz aus der Ferne,
15 schalt: Wer pustet mir mein Licht aus?
Jetzt ist`s dunkel im Haus.

Heute Nacht träumte mir,
es war rabenfinster rings.
Da kam was leise auf mich zugegangen,
20 wie auf Zehen gings.
Da wollt ich mich verstecken,
stolperte über den Wald,
über die Scheune vor Schrecken,
über die Kirchen mitsamt den Küstern, o weh,
25 und fiel in die See.

Heute Nacht träumte mir,
ich sei der Mond im Meer.
Die Fische alle glotzten und standen
im Kreis umher.

30 So lag ich seit Jahren,
sah über mir hoch die Schiffe fahren
und dacht,
wenn jetzt wer über Bord sich biegt
und sieht, wer hier liegt,
35 zwischen Schollen und Flundern,
wie wird der sich wundern!

August Stramm: Traum

Durch die Büsche winden Sterne
Augen tauchen blaken sinken
Flüstern plätschert
Blüten gehren
5 Düfte spritzen
Schauer stürzen
Winde schnellen prellen schwellen
Tücher reißen
Fallen schrickt in tiefe Nacht.

* Küster: „Wächter", Angestellter einer Kirchgemeinde

8. Lies die beiden Gedichte zum Thema *Traum* und formuliere in Stichpunkten deine ersten Eindrücke. Welches Gedicht gefällt dir besser? Begründe deine Meinung.

_____

_____

_____

_____

9. Unterstreiche im Gedicht „Närrische Träume" von Gustav Falke wichtige Wörter und fasse schriftlich den Inhalt jeder Strophe kurz zusammen. Erkläre, wieso die Träume „närrisch" sind. Arbeite im Heft.

10. Dass das Gedicht so anschaulich wirkt, liegt an den sprachlichen Bildern. Schreibe je zwei Beispiele für Vergleiche und Personifikationen heraus. Orientiere dich an dem Beispiel.

Mond (...) wie eine große, gelbe Kegelkugel 1. Str., V. 2 – 3 (Vergleich),

Gedichte vortragen und auswendig lernen

Schülerbuch S. 126 ■ Gedichte

Um ein Gedicht **ausdrucksstark** vorzutragen, musst du es zuvor mithilfe von Zeichen markieren. Unterstreiche **wichtige Stellen**. Die betonst du besonders. **Pausen** kennzeichnest du durch einen **Schrägstrich /**, längere Pausen durch einen doppelten Schrägstrich **//**. Stellen, die du **lauter, leiser, langsamer oder schneller sprechen** willst, unterstreichst du mit einer Wellenlinie. Außerdem kannst du dir am Rand kurze Notizen machen. Bevor du ein **Gedicht auswendig** lernst, musst du es **inhaltlich verstanden** haben. Wenn du dir den Inhalt jeder Strophe bildlich vorstellst, kannst du ihn dir besser merken. Lerne **eine Strophe nach der anderen** auswendig.

1. Bewerte die Anmerkungen, die sich ein Schüler für seinen Vortrag der 1. Strophe des Gedichts „Närrische Träume" gemacht hat.
- Probiere diese Sprechvariante aus.
- Überlege, wo du Veränderungen vornehmen würdest, und überarbeite den Text. Arbeite im Heft.

Ich lasse am Ende der ersten Verszeile eine längere Pause, als müsste ich mich erst an den Traum erinnern. Betonen möchte ich das Wort Nacht. Ab der zweiten Zeile beginne ich ganz langsam und steigere dies bis „alle Neune". Ich versuche mit der Gestik zu zeigen, dass ich zuerst einen Mond in der Hand halte, diesen dann in Vorbereitung des Kegelns hin- und herschwenke, und bei „alle Neune" loskegele. Die Stimme sollte immer leiser werden. In den nächsten drei Zeilen soll der Zuhörer mein Erschrecken über die Folgen daran erkennen, dass ich nach „warf" eine Pause lasse, immer schneller und lauter werde, „o weh" fast rufe und dann die letzte Zeile leise und langsam spreche. Dazu blicke ich die Zuhörer erschrocken an.

Gedichte untersuchen

2. Lerne das Gedicht „Närrische Träume" auswendig und trage es vor.

3. In dem Gedicht „Traum" von August Stramm sind ungewöhnliche Verben enthalten. Schreibe sie in dein Heft und kläre ihre Bedeutung. Du kannst ein Wörterbuch benutzen.

4. Erschließe die Bedeutung des Wortes „Fallen" in Vers 9 des Gedichts „Traum": Steckt *die Falle* oder *das Fallen* dahinter? Erläutere, woran du das erkannt hast.

_____

_____

_____

5. Probiere für das Gedicht „Traum" folgende Sprechweisen aus: heiter und fröhlich, gelangweilt, ängstlich und gehetzt. Überlege, welche Art des Vortrags am besten passt. Begründe deine Meinung.

_____

_____

_____

_____

Achtung: alte Rechtschreibung

Peter Hacks: Irrtümer

Eine rosarote Katze,
Eine himmelblaue Maus
Treffen sich am Antonplatze
Und erkennen sich durchaus.

5 Und die Maus will sich verstecken,
Und dann sagt sie: Keine Not,
Nie sah ich das Maul sich lecken
Eine Katze rosenrot.

Und die Katze nahet leise,
10 Bleckt den Zahn und steilt den Bart,
Bis sie ihrer Mittagsspeise
Sonderbares Fell gewahrt.

Und sie läßt die Maus am Leben
Wiederum auf Grund des Blaus,
15 Und sie spricht: Das kanns nicht geben,
Eine himmelblaue Maus.

Und sie wandeln von dem Platze
Ohne Zwischenfall nach Haus,
Rechts, nach Weißensee, die Katze,
20 Links, nach Lichtenberg, die Maus.

6. Markiere in dem Gedicht „Irrtümer" von Peter Hacks Betonungen und Pausen für deinen Vortrag. Du kannst dir auch Notizen am Rand machen.

7. Lerne jede Strophe auswendig, indem du die anderen abdeckst.

8. Übe deinen Gedichtvortrag vor dem Spiegel.

Anwendung

Das kannst du jetzt!

Training interaktiv
Gedichte
a7ih4b

Robert Gernhardt: Gehst du tags die Straße lang

Gehst du tags die Straße lang,
bist du nicht alleine.
Denn dein Schatten folgt dir stumm
über Stock und Steine.
5 Das weiß jeder. Doch was macht
so ein Schatten in der Nacht?

Nun – im Schutz der Dunkelheit
nutzt er seine freie Zeit
und trifft an verschwieg`nen Orten
10 andre Schatten aller Sorten.
Menschen-, Tier- und Vogelschatten,
die am Tag zu schweigen hatten,
schwatzen nun in trauter Runde,
bis das Licht der Morgenstunde
15 alle zwingt, zurückzukehren –
womit wir beim Thema wären:

Zwar hab ich es nie gesehn,
doch man sagt, es sei geschehn,
dass ganz pflichtvergess'ne Schatten
20 keine Lust zur Rückkehr hatten.
Solche Schatten – wird berichtet –
hab' man überall gesichtet.
Statt bei ihrem Herrn zu bleiben,
würden sie nun Unfug treiben.
25 Ja, sie dienten fremden Herrn,
grad als ob's die eignen wär'n.
Doch! Das hört man in der Tat.
Vielleicht ist's wahr. Daher mein Rat:

Gehst du tags die Straße lang,
30 und es folgt dir einer,
schau dir mal den Schatten an.
Ist es wirklich deiner?

1. 📖 Lies den Titel des Gedichts von Robert Gernhardt und überlege, welche Erwartungen er bei dir weckt.
- Lies das Gedicht und formuliere schriftlich deinen ersten Eindruck. Arbeite im Heft.
- Überprüfe, ob sich deine ersten Erwartungen bestätigt haben.

2. 📖 Markiere wichtige Wörter und fasse den Inhalt der einzelnen Strophen kurz zusammen. Benenne das Thema des Gedichts. Arbeite im Heft.

3. Erläutere die Form des Gedichts. Gehe dabei auf die Strophen, Verse und das Reimschema ein.

_____
_____
_____
_____
_____

4. Im Gedicht wird das sprachliche Mittel der Personifikation benutzt. Schreibe auf, was hier personifiziert wird. Ordne drei Tätigkeiten zu, die du dem Gedicht entnehmen kannst. Orientiere dich an dem Beispiel.

Personifiziert wird: _____

Tätigkeiten: *stumm folgen,* _____

Gedichte untersuchen

○ **EXTRA: Üben**

Josephine Hirsch: Seltenheiten

   Grüne Füchse,   a
   blaue Lüchse,   a
   runde Ecken,   b
   schnelle Schnecken,   b
5 kleine Riesen,
   schwarze Wiesen,

   _____,

   _____,

   _____,

10 _____,

   _____,

sag es selber,
sind in allen Welten
selten.

Schwüle (2)   Kühle (1)
      Kälber (5)
Weise (4)   Greise (3)

heiße   kalte   junge
    lila   dumme

1. Beschreibe, um welche Seltenheiten es in dem Gedicht von Josephine Hirsch geht.

_____

_____

_____

2. Schreibe auf, welches Reimschema in dem Gedicht „Seltenheiten" verwendet wurde. Orientiere dich an der Buchstabenfolge hinter den ersten vier Versen.

Reimschema: _____

3. Verbinde die Substantive und Adjektive aus den gelben Kästen nach dem Muster des Gedichts miteinander und vervollständige das Gedicht. Die Ziffern in Klammern geben die Reihenfolge der Verse an.

Walther Petri: Treppenstufen

ächzen
  stöhnen
    glänzen
      werden von Schuhen bedruckt und knurren
5   Menschen hinterlassen Spuren

einige Stufen knarren
  wie Schubkarren
    drum werden sie geölt
      sie werden gewaschen
10   und gescheuert
         geschrubbt
          gebohnert* und allwöchentlich
            erneuert
              dann schlafen sie
15   und schweigen
                erwachen beim Treppensteigen

sie sonnen sich
  frieren
    werden pitschnass
20   überziehen sich mit Eis
      sehen aus wie aus Glas

        Treppenstufen kennen ihre Leute
          sie wissen genau: heute
            stiefelst du zornig hinauf

* bohnern: blank polieren von Böden

4. Beschreibe die Wirkung des Gedichts „Treppenstufen" von Walther Petri. Nimm die Antworten auf die folgenden Fragen zu Hilfe. Arbeite im Heft.
- Was wird personifiziert?
- Welche Wortart herrscht vor?
- Wie trägt die äußere Form zur Wirkung des Gedichts bei?

5. Füge an drei Stellen im Gedicht einen Vergleich mit *wie* ein und schreibe die Wortgruppe heraus. Orientiere dich an Vers 7.

einige Stufen knarren wie Schubkarren,
_____
_____

6. Suche die Reime im Gedicht und schreibe die entsprechenden Wortpaare auf. Orientiere dich an dem Beispiel.

knurren – Spuren,
_____
_____

Wörter bilden, Wörter erkunden

Wortbildung durch Zusammensetzung

Schülerbuch S.152 ■ Wortbildung

> **Zusammengesetzte** Wörter bestehen aus **Grund-** und **Bestimmungswort**. Das Grundwort steht immer an der letzten Stelle und entscheidet über die Wortart des neuen Wortes. Durch das Bestimmungswort wird das Grundwort näher charakterisiert.
> *Wohnungstür, Kellertür, Kellerfenster, zuckersüß*

Franz Führmann: In der Kuchenfabrik

Im Streuselkuchen ist Streusel,
im Pflaumenkuchen sind Pflaum',
im Marzipankuchen ist Marzipan,
im Baumkuchen ist ein Baum.

5 Im Kirschkuchen sind Kirschen,
im Obstkuchen ist Obst,
im Reibekuchen eine Küchenreibe,
ich hoffe, dass du ihn lobst.

Im Käsekuchen ist Käse,
10 im Hundekuchen ein Hund,
und wenn der Jens so weiterfrisst,
wird er noch kugelrund.

1. Unterstreiche in dem Gedicht von Franz Führmann alle zusammengesetzten Substantive. Erläutere anhand der Kuchensorten die Funktion von Grund- und Bestimmungswort.

_____

_____

2. In dem Gedicht „In der Kuchenfabrik" findest du in Vers 12 das zusammengesetzte Adjektiv „kugelrund", das heißt: Jens wird rund wie eine Kugel. In den folgenden Sätzen findest du weitere Vergleiche mit *wie*. Schreibe sie heraus und forme sie in zusammengesetzte Adjektive um. Orientiere dich an dem Beispiel.

Jens ist nicht mehr leicht wie eine Feder und auch nicht schnell wie der Blitz.
Jens wird nach so viel Kuchen erst weiß wie Käse und dann rot wie eine Tomate.

leicht wie eine Feder – federleicht

_____

_____

_____

3. Suche aus dem Wortspeicher zueinander passende Grund- und Bestimmungswörter heraus und trage die zusammengesetzten Substantive in das Wortgitter ein.

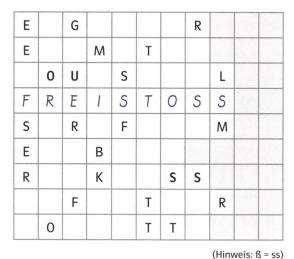

(Hinweis: ß = ss)

Wortbildung durch Ableitung

Schülerbuch S. 154 ■ Wortbildung

Wörter können aus anderen Wörtern **abgeleitet** werden. An den **Suffixen** (Nachsilben) **-heit, -keit, -schaft, -nis, -ung, -tum** und **-in** erkennst du die Wortart Substantiv. Wörter mit diesen Suffixen werden großgeschrieben.
  Ableitung, Gesundheit, Freundschaft
An den Suffixen **-ig, -lich, -isch, -bar, -sam** und **-haft** erkennst du die Wortart Adjektiv. Wörter mit diesen Suffixen schreibst du klein.
  schwierig, sonderbar, fröhlich, einsam

1. Welche abgeleiteten Substantive verbergen sich hinter den Umschreibungen?
  – Schreibe sie untereinander auf und markiere die Suffixe farbig.
  – Die Anfangsbuchstaben ergeben ein Lösungswort. Orientiere dich an dem Beispiel.

1: albern sein, ein Spaß   *Albernheit*
2: sich besprechen, beraten
3: eine Gegend
4: Besitz
5: Frau, die Bienen züchtet
6: Mut
7: ungenaues Wissen
8: etwas gebrauchen, verwenden
9: etwas, was nicht verraten wird

Lösung: *A*

41

Wörter bilden, Wörter erkunden

2. Überlege, von welchem Tier in dem Text die Rede ist, und trage den Namen in die Überschrift und in den Text ein. Unterstreiche alle Adjektive mit einem Suffix und ordne sie in die Tabelle ein.

Rätselhaft! Wer ist es? _____

E. Electricus ist ein schlangenartiger, sonderbarer Fisch mit einem schleimigen Körper von zwei Metern Länge. Wir nennen ihn _____. Und zittern ist genau das, was er tut.

Er schlängelt sich über den schlammigen Boden von Flüssen. Er kann fast nichts sehen, aber indem er kleine elektrische Schläge abgibt, fühlt er, wo er ist.

Und gleichzeitig fühlt er, wo der andere ist: derjenige, den er verzehren will. Seine Beute wird gelähmt und bewegt sich nicht mehr. Das ist nötig, da der _____ kein Vordergebiss hat.

Er schlingt seine Mahlzeit nicht hinunter, sondern saugt sie auf – langsam und beherrscht.

Und dann ist es natürlich praktisch, wenn sie nicht allzu sehr zappelt.

-ig	-bar	-isch	-lich	-sam	-haft

Wortfelder nutzen

Schülerbuch S.156 ■ Wortbildung

Wörter mit gleicher oder ähnlicher Bedeutung gehören zu einem **Wortfeld**.
  Gebäude: Villa, Hochhaus, Hütte; sprechen: brüllen, flüstern, reden, rufen
Du kannst die Wörter nach **Merkmalen** (zum Beispiel Größe, Lautstärke) ordnen, um dir **Bedeutungsunterschiede** klarzumachen.

1. Überlege, zu welchem Wortfeld die aufgeführten Verben gehören, und vervollständige den Lückentext.

Das Wortfeld _____ ist besonders umfangreich und vielfältig. Einige Verben kann man generell für die Tätigkeit *Sagen* verwenden, zum Beispiel _____, _____ und _____. Andere Verben aus diesem Wortfeld können angeben, wie laut oder leise gesprochen wird oder in welchem Gefühlszustand sich der Sprecher befindet.

Wird die Stimme sehr laut, dann passen am besten die Verben _____, _____ oder _____. Leiseres Sprechen wird durch _____, _____ oder _____ ausgedrückt.

Ist der Sprecher traurig oder besorgt, eignen sich die Verben _____ und _____. Heiterkeit und Freude hingegen drücken sich in den Wörtern _____ und _____ aus.

2. Hier sind zwei Wortfelder durcheinandergeraten. Suche je einen Oberbegriff, nach dem du die Wörter sortieren kannst, und fülle den Tabellenkopf aus. Ordne dann die Wörter in die entsprechenden Spalten ein.

beschädigt   zauberhaft   löchrig   hübsch   schadhaft

ansehnlich   defekt   wundervoll   herrlich   zerstört

Wortfeld:	Wortfeld:

Anwendung

Das kannst du jetzt!

Training interaktiv
Wortbildung
wg376t

1. Markiere in dem folgenden Text alle mit einem Suffix abgeleiteten Substantive.
   - Schreibe sie im Singular und mit Artikel untereinander auf.
   - Überlege, von welchen Wörtern die Substantive abgeleitet sind, und schreibe diese in der Grundform daneben. Orientiere dich an dem Beispiel.

Der Schiedsrichter

Ein Fußballspiel wird von einem Schiedsrichter und zwei Assistenten *geleitet*. Der Schiedsrichter überwacht die Einhaltung der Regeln, nimmt die Zeit und notiert besondere Vorkommnisse, denn in manchem Spiel sind gezogene gelbe oder rote Karten
5 keine Seltenheit.
Das *verhielt* sich nicht immer so. Anfangs brachte jedes Team seinen eigenen Schiedsrichter mit. Diese Richter *liefen* jedoch nicht übers Spielfeld, sondern standen an den Seitenlinien. Später wurde ein Schiedsrichter *bestimmt*, der Streitigkeiten zwi-
10 schen diesen „Linien-Richtern" schlichtete. Um dem schnellen Spielablauf besser *folgen* zu können, lief der Schiedsrichter etwa ab 1890 auf dem Fußballfeld mit. Ab 1891 wurden die beiden anderen Richter offiziell zu Linienrichtern erklärt. Dieses System gilt noch heute.

die Einhaltung	einhalten

2. Übertrage die kursiv gedruckten Verben im Infinitiv in die Tabelle und leite aus ihnen jeweils ein Substantiv ab. Tipp: Es ist nicht immer ein Suffix zur Ableitung notwendig.

Infinitiv	Ableitung

3. Schreibe aus dem Text alle zusammengesetzten Substantive heraus. Kennzeichne mit Trennungsstrichen ihre Bestandteile und fülle das folgende Schema aus. Orientiere dich an dem Beispiel.

Schied|s|richter,

Bestimmungswort	Fugenelement	Grundwort
Schied	*s*	*richter*

4. Schreibe auf, welches der Bestimmungsworte selbst ein zusammengesetztes Substantiv ist.

5. In dem Text „Der Schiedsrichter" sind drei Wörter unterstrichen. Bilde Wortfelder, indem du zu jedem Wort mindestens drei weitere mit gleicher oder ähnlicher Bedeutung suchst. Schreibe sie auf.

Wörter bilden, Wörter erkunden

EXTRA: Üben

Zusammensetzung und Ableitung

1. Setze die vorgegebenen Bausteine so zusammen, dass eine Reihe aus Grund- und Bestimmungswörtern entsteht. Der Anfang ist vorgegeben. Arbeite im Heft.

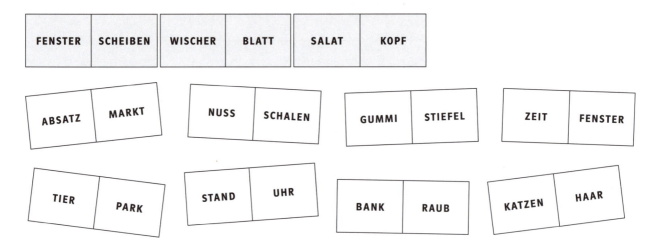

2. Füge die Suffixe *-ig*, *-lich* oder *-isch* in dem folgenden Text an der richtigen Stelle ein.

Der Kuckuck

Wie können sie es wagen! Diese heimtück_____en, hinterhält_____en, herrschsücht_____en Viecher mit ihrem länd_____ Gekuckuck. Können sie wirk_____ nichts anderes sagen als ihren eigenen Namen? Obwohl sie ein paar Morde auf dem Gewissen haben, sitzen sie in aller Ruhe da, rufen ihren Namen, so dass es der ganze Wald hören kann. Ziem_____ frech und unaussteh_____ eigent_____.

Ein Kuckucksweibchen legt sein Ei näm_____ in ein fremdes Vogelnest. In das eines unschuld_____en Singvogels. Wenn dieser kurz nicht zu Hause ist, schmeißt der Kuckuck zunächst ein Ei über den Rand des Nestes und legt dann an dessen Stelle schnell ein eigenes hinein. Ein gräss_____ es Verbrechen, aber die Singvogeleltern merken nichts davon.

Wortfelder

3. In die folgenden Wortfelder hat sich ein Außenseiter eingeschlichen. Suche das Wort, das jeweils nicht zu den anderen passt, und schreibe es heraus.

Essen   Mahlzeit   Lebensmittel   Speisen
Nahrung   Herd   Futter

_____

Hut   Kopfbedeckung   Mütze   Sandalen   Basecap   Helm

_____

singen   trällern   einkaufen   musizieren   jodeln   summen

_____

4. Lies die folgenden Sätze und trage in die Lücken passende Verben aus dem Wortfeld *Sehen* ein. Wähle aus den Vorgaben aus.

starren   erkennen   beobachten
bestaunen   blicken   entdecken   besichtigen

Ich brauche eine Lupe, um die kleinen Zeichen _____ zu können.

Von dem Berg konnten wir weit ins Tal _____.

Du musst den Ablauf der Bewegungen genau _____, um den Tanz zu lernen.

Peter hat die Überraschung zuerst _____.

Viele Leute wollen das berühmte Denkmal _____.

Erschrocken _____ Inga in den Spiegel.

Während der Zirkusvorstellung gab es viele Kunststücke zu _____.

Wortarten unterscheiden

Substantive und Artikel

Schülerbuch S.162 ■ Wortarten

Substantive (auch: Nomen) bezeichnen Lebewesen, Gegenstände (**Konkreta**) oder Vorstellungen, Gedanken und Gefühle (**Abstrakta**).
Neandertaler, Faustkeil; Freude, Hunger
Substantive haben einen **Numerus** (Singular oder Plural) und ein **Genus** (maskulin, feminin oder neutral).
der Mann, die Männer – maskulin, die Frau, die Frauen – feminin, das Kind, die Kinder – neutral
Artikel begleiten das Substantiv und **stimmen** in Numerus und Genus mit dem Substantiv **überein**. Es gibt **bestimmte Artikel** (der, die, das) und **unbestimmte Artikel** (ein, eine).

1. Ermittle die Substantive aus der Wörterschlange und grenze sie durch senkrechte Striche voneinander ab. Die nummerierten Buchstaben ergeben ein Lösungswort.

Lösungswort: | 1 | 2 | 3 | 4 | 5 | 6 Z | 7 | 8 | 9 |

2. Ordne die Substantive aus Aufgabe 1 mit Artikel in die Tabelle ein. Ergänze die fehlenden Angaben. Orientiere dich an den Beispielen.

Substantiv mit Artikel	Genus	Plural	Konkreta	Abstrakta
der Gletscher	*maskulin*	*die Gletscher*	*Gletscher*	*–*
das Leben	*neutral*	*die Leben*	*–*	*Leben*

3. Entscheide, ob du den bestimmten, unbestimmten oder gar keinen Artikel einsetzen musst, und fülle die Lücken in dem folgenden Text aus.

Im August 1856 entdeckte _____ italienischer Steinbrucharbeiter an _____ unbedeutenden Stelle im Neandertal bei Düsseldorf _____ Knochenreste, die er an _____ Abfallstelle entsorgte. Als _____ anderer Arbeiter schließlich _____ Schädel fand, meinte man, dass man _____ Knochen wieder aus _____ Abfall holen müsse, um sie näher untersuchen zu lassen. _____ Wissenschaftler mit _____ Namen Johann Carl Fuhlrott bestimmte _____ Knochenfunde als _____ menschliche Knochen. Fuhlrott war sich sicher, dass _____ Knochen zu _____ vorzeitlichen Menschen gehören mussten. Heute bezeichnen wir _____ Menschen als Neandertaler, benannt nach _____ Fundort bei Düsseldorf. _____ Neandertaler starben vor etwa 40 000 Jahren aus. Sie gelten als _____ Vorfahren der heutigen Menschen.

Substantive im Satz stehen in einem bestimmten **Kasus** (Fall). Es gibt den **Nominativ**, den **Genitiv**, den **Dativ** und den **Akkusativ**.
  der Speer, des Speeres, dem Speer, den Speer
In welchem Kasus ein Substantiv steht, erkennst du am **Artikel** und an der **Endung des Substantivs**. Die Abwandlung der grammatischen Formen heißt **Deklination**. Artikel und Substantive werden gemeinsam dekliniert. Den Kasus der Substantive im Satz kannst du mit Fragen ermitteln.
  Wer oder Was?, Wessen?, Wem?, Wen oder Was?

---

4. Setze das vorgegebene Substantiv mit Artikel richtig in die Lücken ein und bestimme den Kasus. Schreibe die entsprechende Frage davor. Orientiere dich an den Beispielen.

der Faustkeil

Der Faustkeil war das wichtigste Werkzeug in der Steinzeit.   _Wer oder Was?_ / _Nominativ_

Die Jäger fertigten _____ aus einem spitzen Stein.   _____ / _____

Die Spitze _____ benutzte man als Messer.   _____ / _____

Mit _____ konnte man Tierhäute zerschneiden.   _____ / _____

Wortarten unterscheiden

<u>die Höhle</u>

_____ war die erste Behausung der Steinzeitmenschen.   _____ / _____

In _____ fanden sie Schutz.   _____ / _____

Sie verließen _____ zur Jagd.   _____ / _____

Die Wände _der Höhle_ bemalten sie mit Jagdszenen.   _Wessen?_ / _Genitiv_

<u>das Mammut</u>

_____ lebte vor 1,8 Millionen Jahren auch in Europa.   _____ / _____

Der einzige Feind _____ war der Mensch.   _____ / _____

Bis zu 50 Jäger erlegten _das Mammut_ mit ihren Speeren.   _Wen oder Was?_ / _Akkusativ_

Sie nahmen _____ sein Fleisch, sein Fell und seine Stoßzähne.   _____ / _____

5. Unterstreiche im folgenden Text die Substantive im <u>Nominativ</u> rot, im <u>Genitiv</u> gelb, im <u>Dativ</u> grün und im <u>Akkusativ</u> blau.

Die Menschen der Steinzeit mussten nicht hungern. Sie beherrschten verschiedene Techniken der Jagd und sammelten die Früchte und Pflanzen ihrer Umgebung. Das Nahrungsangebot war vielseitig. Den Kindern gaben sie vor allem Früchte, Gemüse und Fleisch zu essen. Als Süßigkeit bekamen sie Honig. Brot und Milchprodukte standen nicht auf dem Speiseplan.

Pronomen

Schülerbuch S.166 ■ Wortarten

Personalpronomen (ich, du, er, sie, es, wir, ihr, sie) bezeichnen sprechende oder angesprochene Personen. Sie können **für Substantive stehen**.
  Die Frau erkannte _den Jungen._ → _Sie_ erkannte _ihn._
Mit **Possessivpronomen** (mein, dein, sein, ihr, unser, euer, ihr) kann man ausdrücken, wem oder zu wem etwas gehört. Sie stehen im Satz vor dem Substantiv, auf das sie sich beziehen.
  Sein Grasmantel war eine gute Tarnung. Er schenkte seinen Grasmantel seinem Freund.
Demonstrativpronomen (dieser, jener, der, derjenige, dieselbe, solche) weisen auf bestimmte Personen, Gegenstände oder Sachverhalte hin. Sie können vor einem Substantiv oder auch allein stehen.
  Dieser Zaun hielt Raubtiere fern. Er war derjenige mit der größten Erfahrung.
Relativpronomen (der, die, das, welcher, welche, welches) verweisen auf Substantive oder Personalpronomen im vorausgehenden Satz.
  Vor ihm stand ein Kind, das er nicht kannte.
Personalpronomen (persönliche Fürwörter), **Possessivpronomen** (besitzanzeigende Fürwörter), **Demonstrativpronomen** (hinweisende Fürwörter) und **Relativpronomen** (bezügliche Fürwörter) stimmen in **Kasus, Numerus** und **Genus** mit dem Bezugswort überein.

1. Überarbeite den folgenden Buchanfang, indem du Substantive durch passende Personalpronomen dort ersetzt, wo es dir sinnvoll erscheint. Arbeite im Heft.

nach Dirk Lornsen: Rokal der Steinzeitjäger (Anfang)

Rokal wachte auf. Rokal spürte eine unheimliche, leblose Stille. Die Stille bedeutete Gefahr. Rokal öffnete den Zelteingang und sah Frauen und Männer zur Lagermitte gehen. Die Frauen und Männer zeigten Furcht. Beim großen Feuer fanden die Männer und Frauen sich zusammen. Plötzlich erzitterte die Erde. Risse taten sich in der Erde auf. Die Stille zerbrach. Der Feuerberg brach aus. Der Feuerberg spie Asche und Steine und begrub alles unter sich. Nur Rokal überlebte.

2. Unterstreiche in dem folgenden Text
   – alle Personalpronomen mit einer Wellenlinie
   – alle Possessivpronomen mit einer gestrichelten Linie
   – alle Demonstrativpronomen mit einer durchgehenden Linie
   – alle Relativpronomen mit einer doppelten Linie.

Nach diesem langen Tag trug ich meine Fackel durch die Nacht. Sie leuchtete mir auf meinem Weg. Denselben war ich schon einmal gegangen an jenem Morgen, als die anderen Männer mich das erste Mal auf eine Jagd mitgenommen hatten. Ein solches Erlebnis vergisst man nie. Mein Freund war derjenige mit dem größten Jagdglück. Er erlegte drei Schneehasen, die er bei seiner Rückkehr in unserer Siedlung verteilte.

3. Verändere die ersten drei Sätze aus dem Text von Aufgabe 2: Setze für „ich" ein anderes Personalpronomen ein. Orientiere dich an dem Beispielsatz und arbeite im Heft.

Nach diesem langen Tag trug er seine Fackel durch die Nacht.

Adjektive

Schülerbuch S. 170 ■ Wortarten

> **Adjektive** sind Eigenschaftswörter. Sie geben an, **wie** jemand oder etwas ist.
>   *groß, herrlich, mutig*
> **Texte** werden durch Adjektive **anschaulicher**.
> Adjektive stehen **vor dem Substantiv** oder **zwischen Artikel und Substantiv** und werden mit dem Substantiv **dekliniert**, auf das sie sich beziehen.
>   *ein großer Mann, herrliches Wetter, die mutige Frau*

1. Markiere im folgenden Text alle Adjektive und schreibe sie zusammen mit dem dazugehörigen Substantiv heraus. Bestimme Kasus, Numerus und Genus der Wortgruppen. Arbeite im Heft.

An 100 Stellen im Bodensee liegen die Reste steinzeitlicher Siedlungen. Dicker Schlamm hat sie über die Jahrtausende erhalten. Doch die langsame Zerstörung durch das Wasser gefährdet dieses einzigartige Kulturgut. Unterwasser-Archäologen* starten derzeit große Unternehmungen, weil sie möchten, dass die vorgeschichtlichen Pfahlbauten als Weltkulturerbe anerkannt werden. Damit wäre ein wichtiger Schritt getan, um die großflächigen Fundstätten zu erhalten.

* Archäologen: Altertumsforscher

Wortarten unterscheiden

Die meisten Adjektive können **gesteigert** werden. Man unterscheidet die Steigerungsformen **Positiv** (Grundform), **Komparativ** (Vergleichsform) und **Superlativ** (Höchstform).
  Das Tongefäß ist alt. *Der Einbaum ist* älter. *Der Faustkeil ist* am ältesten.
Nicht alle Adjektive lassen sich steigern. Von einigen gibt es nur den Positiv.
  blau, lebendig, tot

2. Betrachte die Abbildungen und lies die Bildunterschriften. Vervollständige die Vergleiche mit den richtigen Steigerungsformen. Orientiere dich an den Beispielen.

Wigor: 43 Jahre, 1,83 m, stemmt 50 kg

Arthos: 26 Jahre, 1,58 m, stemmt 43 kg

Bradur: 32 Jahre, 1,70 m, stemmt 38 kg

1. Wigor ist noch jung. Bradur ist _____ . Arthos ist *am jüngsten* .

2. Bradur ist stark. Arthos ist *stärker* . Wigor ist _____ .

3. Arthos ist groß. Bradur ist _____ . Wigor ist _____ .

Präpositionen

Schülerbuch S.178 ■ Wortarten

Präpositionen bezeichnen im Satz **Verhältnisse** zwischen Personen, Dingen und Sachverhalten. Sie lassen sich in vier Gruppen einteilen:

Ort (Wo?, Wohin?)
in, unter, über, neben, bei

Zeit (Wann?, Wie lange?)
nach, vor, ab

Art und Weise (Wie?)
mit, von, ohne, gegen

Grund (Warum?)
wegen, trotz

Präpositionen bestimmen den **Kasus des nachfolgenden Substantivs**. Einige Präpositionen können je nach Bedeutung unterschiedliche Kasus fordern.
  wohnt in dem Wald *(Wo?/Dativ), lief* in den Wald *(Wohin?/Akkusativ)*

1. Unterstreiche im folgenden Text alle Präpositionen. Übertrage die Tabelle in dein Heft.
   – Ordne die Präpositionen mit den dazugehörigen Substantiven in die Tabelle ein.
   – Schreibe den Kasus des Substantivs in Klammern dahinter. Orientiere dich an dem Beispiel.

An einem Montag machte sich unsere Klasse auf den Weg in das Prähistorische Museum in unserer Stadt. Wir wollten erfahren, wie die Menschen vor 3 000 Jahren gelebt hatten. Weil sich die Schule nicht direkt in der Nähe des Museums befindet und wegen des starken Regens an diesem Tag, nahmen wir den Bus. Vor dem Museum warteten wir. Unser Lehrer war in die Vorhalle gegangen, um die Eintrittskarten zu kaufen. Mit einem enttäuschten Gesicht kam er wieder heraus. Er hatte völlig vergessen, dass die Ausstellung montags geschlossen war.
Trotz des gescheiterten Museumsbesuchs wurde der Ausflug noch schön. Wir gingen neben dem Museum in ein Café Eis essen.

Ort	Zeit	Art und Weise	Grund
	An einem Montag (Dativ)		

Verben

Schülerbuch S. 173 ■ Wortarten

Verben bezeichnen Tätigkeiten, Vorgänge oder Zustände. Sie können im **Infinitiv** (Grundform) oder in den **Personalformen** (konjugierte/finite Formen) auftreten.
   lachen, ich lache, wir lachten
Es gibt ein **Partizip I** und ein **Partizip II**.
   lachend, gelacht
Verben bilden Zeitformen. **Präsens** verwendet man für die Gegenwart und für das, was immer gilt.
   Du lachst. Er heißt Hans.
Mit dem **Präteritum** erzählt man über etwas Vergangenes, meist in schriftlicher Form.
   Er aß ein Stück Brot. Wir gingen nach Hause.
Perfekt und **Plusquamperfekt** werden mit den Hilfsverben „haben" und „sein" und dem Partizip II gebildet. Das Perfekt verwendet man auch für Vergangenes, häufig in der gesprochenen Sprache.
   Ihr habt geschlafen.
Das Plusquamperfekt bezeichnet die Vorvergangenheit, also etwas, das noch vor einem anderen Ereignis in der Vergangenheit stattgefunden hat.
   Er hatte die Fische selbst gefangen, bevor er das Essen zubereitete.
Das **Futur I** verwendet man für Handlungen in der Zukunft. Es wird mit dem Hilfsverb „werden" und dem Infinitiv gebildet.
   Wir werden kochen. Du wirst uns helfen.

1. Ergänze die Bezeichnungen für die Zeitformen auf dem Zeitstrahl.

Wortarten unterscheiden

2. Bestimme die folgenden Verbformen und ordne sie in die Tabelle ein.
   Tipp: Bei drei Formen gibt es verschiedene Möglichkeiten.

   gehe   singt   springen   redest   koche
   wanderst   schwimmen   fängst   wollt

   P. = Person, Sg. = Singular, Pl. = Plural

1. P. Sg. (ich)	2. P. Sg. (du)	3. P. Sg. (er, sie, es)	1. P. Pl. (wir)	2. P. Pl. (ihr)	3. P. Pl. (sie)

3. Unterstreiche alle Verbformen im folgenden Text. Übertrage sie in dein Heft und schreibe die jeweilige Zeitform in Klammern dahinter. Orientiere dich an den Beispielen.

   sprachen (Präteritum), hatten geplant (Plusquamperfekt)

Auerochsenjagd

Alle sprachen von der Jagd. Schon lange hatten sie geplant, einen Fleischvorrat für den Winter anzulegen. Jerko, ihr Anführer, ergriff das Wort: „Nun Männer, morgen werden wir die
5 Auerochsenspur aufnehmen. Seid ihr bereit?" Alle nickten zustimmend, auch der vierzehnjährige Martu. Er hatte von einer solchen Jagd schon lange geträumt. Am nächsten Tag in aller Frühe ging es los. Doch als die mutigen Männer
10 am Abend heimkamen, hörte man von Martu am Lagerfeuer, dass es Schwierigkeiten gegeben hatte. „Es ist zwar alles noch gut gegangen", berichtete er, „aber das verdankt ihr allein nur Jerkos Mut! Er hat sich vor den Auerochsen
15 gestellt und ist einfach losgelaufen, während wir das Tier hinter ihm den Hang hochgetrieben haben. Oben gab es zwei Bäume, zwischen die wir ein dünnes, kaum sichtbares Seil gespannt hatten. Ich sage euch, das war ein wirklich klu-
20 ger Plan! Der Auerochse fiel über das Seil und ging sofort zu Boden. Dann trafen ihn unsere Speere. Ein richtiges Abenteuer! Davon werde ich bestimmt noch meinen Enkeln erzählen!"

Anwendung

● Das kannst du jetzt!

⊕ Training interaktiv
Wortarten
vf8d9d

Die Vogelherdhöhle

Im Mai 1931 machte der Heimatforscher Hermann Mohn zufällig eine sensationelle Entdeckung. Ein Dachs führte ihn zu einem Höhleneingang. Er hatte dort kleine, steinzeitliche Feuersteinstückchen an die Erdoberfläche befördert. Mohn erkannte
5 die Besonderheit der Steinchen und informierte einen Geschichtsprofessor an der Universität Tübingen. Dieser begann am 5. Juli 1932 mit Eifer die Ausgrabungsarbeiten. Dem Professor sind heute insgesamt elf wichtige geschichtliche Funde zu verdanken. Dazu gehören geschnitzte Figuren eines Wildpferdes, ei-
10 nes Mammuts und eines Bisons, die vor 32 000 Jahren entstanden sein sollen. Wegen dieser besonderen Funde ist die Vogelherdhöhle auch heute noch sehr berühmt.

1. Bestimme Kasus, Numerus und Genus der unterstrichenen Substantive und ihrer Begleiter. Fülle die Tabelle aus. Orientiere dich an dem Beispiel.

Substantiv mit Begleiter	Kasus	Numerus (Sg./Pl.)	Genus
der Heimatforscher Hermann Mohn	Nominativ	Sg.	maskulin

2. 📄 Im Text kommen acht Adjektive vor. Schreibe sie heraus und bilde, wo es möglich ist, die Steigerungsformen. Arbeite im Heft.

3. Markiere alle Präpositionen im Text. Ordne sie nach Ort, Zeit, Art und Weise und Grund und gib in Ziffern die jeweilige Anzahl an. Arbeite mit unterschiedlichen Farben.

Ort: _____   Zeit: _____   Art und Weise: _____   Grund: _____

4. Sieh dir alle Verben genau an und schreibe auf, welche drei Zeitformen im Text vorkommen.

_____   _____   _____

Wortarten unterscheiden

EXTRA: Üben

Substantive und Artikel

1. Füge die vorgegebenen Substantive mit ihrem Artikel im richtigen Fall in die Textlücken ein. Welchen Fall hast du jeweils verwendet? Ordne unten die Ziffern den richtigen Bezeichnungen zu. Orientiere dich an dem Beispiel.

   Archäologen möchten __den Lebensalltag__ (der Lebensalltag 1) der Menschen aus früherer Zeit genau erforschen. So untersuchte unlängst _____ (ein Team 2) aus deutschen und amerikanischen Forschern _____ (ein Backenzahn 3), der schon 42 000 Jahre alt ist. Er gehörte _____ (ein Neandertaler 4). _____ (der Zahn 5) beweist, dass das Gebiss _____ (die Steinzeitmenschen 6) offensichtlich sehr gepflegt war. Die Kratzspuren auf der Oberfläche _____ (der Backenzahn 7) lassen nämlich vermuten, dass der Neandertaler bereits _____ (ein Zahnstocher 8) benutzte.

   Nominativ: _____ Genitiv: _____ Dativ: _____ Akkusativ: __1,_____

2. 📄 Manche Substantive, die du eingesetzt hast, werden von einem bestimmten und andere von einem unbestimmten Artikel im Text begleitet. Schreibe aus dem Text je drei Beispiele heraus und erkläre an ihnen, wann du einen bestimmten und wann du einen unbestimmten Artikel verwenden musst. Arbeite im Heft.

Personalpronomen

3. Personalpronomen ersetzen in einem Text Substantive, die bereits genannt wurden. Schreibe die unterstrichenen Substantive auf und suche aus dem Text die dazugehörigen Personalpronomen heraus. Orientiere dich an dem Beispiel.

   Der Alltag eines <u>Steinzeitkindes</u> war nie langweilig. Morgens wachte es unter seiner Felldecke auf. Alle <u>Geschwister</u> waren dicht aneinandergekuschelt. Sie würden zusammen mit ihm aufstehen und am Lagerfeuer von der Mutter ein <u>Frühstück</u> bekommen. Es bestand in der Regel aus Brei und Hagebuttentee. Die <u>Kinder</u> gingen dann zum Bach. Sie wuschen sich dort mit dem klaren <u>Wasser</u>. Es war eisig kalt. Tagsüber spielten die <u>Jungen und Mädchen</u> zusammen Spiele. Aber sie halfen auch den Erwachsenen beim Sammeln von Beeren oder Feuerholz. Am Abend waren sie dann meist müde und froh, wieder unter ihre warmen Decken kriechen zu können.

   Steinzeitkindes – es, ihm; _____

   _____

_____

_____

4. 📄 Überarbeite die Sätze, indem du die markierten Substantive durch passende Personalpronomen ersetzt. Arbeite im Heft.

1. Die älteren Frauen blieben in der Höhle. Die älteren Frauen kochten das Mittagessen.
2. Der Fährtenleser untersuchte die Spur. Die Jäger fragten den Fährtenleser um Rat.
3. „Sucht ihr das Wolfsrudel? Wir haben das Wolfsrudel heute Nacht heulen gehört."
4. „Hier ist die neue Speerspitze für Roki. Gebt die Speerspitze Roki."

Verben

5. Vervollständige die Sätze, indem du die Verben ins Perfekt setzt. Entscheide, ob du jeweils das Hilfsverb *haben* oder *sein* zur Bildung des Perfekts benötigst.

1. Ich _____ um mein Leben _____ (rennen).

2. Du _____ im Gras _____ (liegen).

3. Er _____ den ganzen Tag _____ (arbeiten).

4. Wir _____ das Korn _____ (mahlen).

5. Ihr _____ stundenlang durch die Wälder _____ (reiten).

6. 📄 Wer wird was im Winter machen? Verbinde die Satzteile, die zusammengehören. Orientiere dich an dem Beispiel. Setze die Sätze anschließend ins Futur I. Arbeite im Heft.

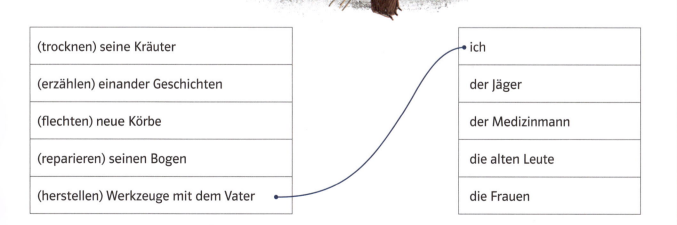

(trocknen) seine Kräuter		ich
(erzählen) einander Geschichten		der Jäger
(flechten) neue Körbe		der Medizinmann
(reparieren) seinen Bogen		die alten Leute
(herstellen) Werkzeuge mit dem Vater		die Frauen

57

Satzglieder untersuchen und verwenden

Satzglieder erkennen

Schülerbuch S.184 ■ Satzglieder

> Sätze bestehen aus einzelnen Bausteinen oder Gliedern. Mit der **Umstellprobe** kannst du die **Anzahl der Satzglieder** in einem Satz ermitteln und feststellen, aus wie vielen Wörtern ein Satzglied besteht.
>
> Klimaforscher untersuchen die Wetterlage auf der Erde.
> Die Wetterlage untersuchen Klimaforscher auf der Erde.
>
> Mit der **Weglassprobe** kannst du erkennen, welche **Satzglieder unbedingt notwendig** sind und welche du weglassen kannst.
>
> Klimaforscher untersuchen die Wetterlage (auf der Erde).

1. Ermittle in den folgenden Sätzen mithilfe der Umstellprobe die Anzahl der Satzglieder.
- Entscheide dich für die richtige Zahl und schreibe sie mit dem entsprechenden Buchstaben dahinter. Die Buchstaben ergeben am Ende ein Lösungswort.
- Trenne die Satzglieder durch senkrechte Striche voneinander.
- Orientiere dich an dem Beispiel.

Anzahl der Satzglieder

1. Forscher | beobachten | heutzutage | auf der ganzen Erde | das Wetter. __5S__ 3R / **5S** / 2V
2. Meteorologen* benötigen viele Beobachtungen und Messdaten. ____ 3A / 5U / 4L
3. Alle Daten ermöglichen zusammen eine verlässliche Vorhersage. ____ 3Z / 4T / 5M
4. Wetterstationen spielen für die Wettervorhersage eine wichtige Rolle. ____ 2A / 3Ü / 4E
5. Wetterstationen befinden sich an Land, auf dem Wasser und in der Luft. ____ 2N / 3L / 6K
6. Auf dem Meer ermitteln die Forscher mit Schiffen und Wetterbojen die Messdaten. ____ 5L / 4H / 3S
7. Satelliten senden Wetterdaten aus dem All zur Erde. ____ 2H / 3E / 5I
8. Wetterbodenstationen schicken alle drei Stunden Daten zu den Wetterzentren in Washington, Melbourne und Moskau. ____ 3R / 4O / 5T

* Meteorologen: Wissenschaftler, die das Wetter erforschen

Lösungswort: | S | | | | | | | |
             | 1 | 2 | 3 | 4 | 5 | 6 | 7 | 8 |

2. Entscheide, ob in den folgenden Sätzen das unterstrichene Satzglied weggelassen werden kann. Kreuze entsprechend an.

ja nein

1. Satelliten senden <u>ständig</u> Wolkenbilder zur Erde. ☐ ☐
2. <u>Im 19. Jahrhundert</u> verschickten Fernschreiber die Wetterdaten. ☐ ☐
3. Wirbelstürme beobachtet man heute <u>aus Flugzeugen</u>. ☐ ☐
4. <u>Die Vorhersage von Stürmen</u> kann Leben retten. ☐ ☐

Satzkern: Subjekt und Prädikat

Schülerbuch S.185 ■ Satzglieder

Ein einfacher Satz besteht in der Regel aus mindestens zwei Satzgliedern, dem **Subjekt** und dem **Prädikat**. Sie werden deshalb auch als **Satzkern** bezeichnet.
Das **Subjekt** ermittelt man mit der Frage **Wer oder Was?** Es steht im Nominativ. Nach dem **Prädikat** fragt man mit **Was macht jemand?** oder **Was geschieht?**
Subjekt und Prädikat müssen in Numerus (Singular, Plural) und Person (ich, du, er/sie/es, wir, ihr, sie) übereinstimmen.

Bilder aus dem Weltraum zeigen (3.P.Pl.) starke Wolkenwirbel.

Es gibt **ein-** und **mehrteilige Prädikate**. Bei mehrteiligen Prädikaten steht nur der finite (gebeugte) Teil an zweiter Stelle, der andere am Satzende. Beide Teile bilden eine **Satzklammer**.

Es wird einen strengen Winter geben.

1. Unterstreiche in den folgenden Sätzen die Subjekte rot und die Prädikate blau. Orientiere dich an dem Beispiel.

1. Manche Wetterarten erscheinen überall auf der Welt.
2. Auf der anderen Seite des Erdballs finden Meteorologen ähnliche Wolkenmuster wie bei uns.
3. In den mittleren Breiten ziehen Sturmtiefs westwärts.
4. Ein Satellitenfoto zeigt das sehr deutlich.

2. Bestimme jeweils Person und Numerus von Subjekt und Prädikat. Orientiere dich an dem Beispiel.

1. _3. P. Pl._   2. _____   3. _____   4. _____

3. Unterstreiche in den beiden folgenden Sätzen die Prädikate. Im ersten Satz besteht das Prädikat aus zwei Teilen. Trage ein, wie viele Satzglieder dort innerhalb der Satzklammer stehen.

Oft wird im Fernsehen nach den Nachrichten eine Wetterkarte gezeigt.

Ein Meteorologe erklärt daran die Wetterlage.

Anzahl der Satzglieder in der Satzklammer: _____

Satzglieder untersuchen und verwenden

◯ Satzergänzungen: Objekte

Schülerbuch S.188 ■ Satzglieder

 Neben dem Subjekt und dem Prädikat sind für einen aussagekräftigen Satz oft weitere Satzglieder notwendig. Sie heißen **Objekte** und haben einen **Kasus**. Du kannst sie mit den Fragewörtern **Wem?** (Dativ) oder **Wen oder Was?** (Akkusativ) erfragen. **Objekte** sind meist **Substantive** oder **Pronomen**.
Bereits vor unserer Zeitrechnung erklärten Indianer ihren Zeitgenossen (Wem?) den Sternenhimmel (Wen oder Was?).

1. Setze in die Textlücken jeweils ein passendes Objekt ein. Wähle aus den Vorgaben aus. Bestimme mithilfe der Fragen *Wem?* oder *Wen oder Was?*, ob es sich um ein Dativobjekt (DO) oder um ein Akkusativobjekt (AO) handelt. Orientiere dich an dem Beispiel.

Im Planetarium

Den Sternenhimmel (_AO_) kann man sich in einem Planetarium ansehen. _____ (_____) werden dort ganze Galaxien gezeigt. Es sind viele verschiedene Projektoren nötig, um _____ (_____) _____ (_____) nahezubringen. Multimedia-Designer erfinden _____ (_____), mit denen so ein Erlebnis möglich wird.

Computerprogramme   den Besuchern   das Weltall   dem Zuschauer   ~~den Sternenhimmel~~

2. Unterstreiche in den folgenden Sätzen alle Dativobjekte rot und alle Akkusativobjekte blau. Trage sie in die unten stehende Tabelle ein.

   1. Kein Planet gleicht einem anderen Planeten.
   2. Die Erde gehört wie Merkur, Venus und Mars den inneren Planeten an.
   3. Den kleinen Pluto hielten Forscher lange ebenfalls für einen Planeten.
   4. Dieser Status wurde ihm aberkannt.
   5. Damit umfasst unser Sonnensystem nur noch acht klassische Planeten sowie Zwergplaneten und Kleinkörper.

Dativobjekt	Akkusativobjekt

60

Besondere Umstände: Adverbialbestimmungen

Schülerbuch S. 190 ▪ **Satzglieder**

Adverbialbestimmungen sind Satzglieder, die über die näheren Umstände eines Geschehens informieren. Sie machen Angaben zu **Grund, Ort, Zeit** oder **Art und Weise** und lassen sich mit den Fragewörtern **Warum?, Wo?/Wohin?, Wann?/Wie lange?** und **Wie?** erfragen.

1. Erfrage die unterstrichenen Satzglieder und schreibe die Fragesätze auf.

Unser Sonnensystem entstand vor ungefähr viereinhalb Milliarden Jahren. Die Sonne befindet sich im Zentrum. Um sie kreisen mit unterschiedlicher Geschwindigkeit die Planeten. Durch das Drehen um die eigene Achse haben die Planeten eine runde Form erhalten.

1. *Wann entstand* _____?
2. _____?
3. _____?
4. _____?

2. Lies den folgenden Text und ermittle mithilfe von W-Fragen alle Adverbialbestimmungen. Schreibe sie aus dem Text heraus. Orientiere dich an dem Beispiel.

Mission Apollo 11

Am 20. Juli 1969 landeten die amerikanischen Astronauten Neil Armstrong und Edwin Aldrin auf dem Mond. Sie hielten sich zu ersten Forschungszwecken etwa zweieinhalb Stunden dort auf. Vier Tage nach ihrer Mondlandung kehrten sie mit einer Raumkapsel auf die Erde zurück. In ihrem Gepäck befanden sich 384 kg Mondgestein.

1. *Am 20. Juli 1969 (Wann?)*
2. _____
3. _____
4. _____
5. _____
6. _____
7. _____
8. _____
9. _____

61

Satzglieder untersuchen und verwenden

◯ Genauere Angaben: Attribute

Schülerbuch S.191 ■ Satzglieder

Attribute bestimmen Substantive näher und geben Antwort auf die Fragen **Wie ist …?**, **Was für ein …?** oder **Welcher?** Sie werden häufig durch **Adjektive** und **Partizipien** gebildet. Attribute sind keine Satzglieder, sondern **Satzgliedteile** und können nur gemeinsam mit einem Satzglied umgestellt werden.
Die junge Sophie Brahe war eine begabte Wissenschaftlerin.

1. Füge die vorgegebenen Wörter als Attribute an passender Stelle in den Text ein.

Sophie Brahe (1556–1643)

Das Mädchen Sophie Brahe kam 1556 auf einem Schloss im _____ Knutstorp zur Welt. Sie war die Tochter einer _____ Adelsfamilie. Sophie hatte einen _____ Bruder namens Tycho. Er war ein _____ Sternenforscher.

wohlhabend   dänisch   berühmt   älter

2. Unterstreiche alle Satzglieder, die Attribute enthalten, und markiere die Attribute. Bestimme in Klammern dahinter, um welches Satzglied es sich jeweils handelt. Orientiere dich an dem Beispiel.

Die funkelnden Sterne (_Subjekt_) faszinierten auch Sophie. Selbständig eignete sie sich umfassendes Wissen (_____) an. Sie kannte sich in Astronomie und Mathematik sehr gut aus und half ihrem bekannten Bruder (_____) bei seiner Arbeit. Die Geschwister beobachteten täglich den geheimnisvollen Sternenhimmel (_____) und verbesserten die astronomischen Messinstrumente (_____). 1573 berechneten sie die bevorstehende Mondfinsternis (_____). Sogar der dänische König (_____) unterstützte den berühmten Tycho Brahe (_____) bei seiner Forschungsarbeit. Seine jüngere Schwester (_____) bekam leider keine besondere Anerkennung (_____).

Anwendung

Das kannst du jetzt!

Training interaktiv
Satzglieder
8bp52g

nach Astrid Lindgren: Der beste Karlsson der Welt (Ausschnitt)

Eines Morgens erwachte Lilebror. Mama und Papa unterhielten sich laut in der Küche. Sie klangen wegen irgendetwas ärgerlich oder traurig. Das gefiel Lilebror nicht. Er verließ schleunigst sein Bett. Auf der ersten Seite in der Zeitung stand in großen Buchstaben folgende Überschrift:

FLIEGENDE TONNE – ODER WAS?

5 Ein rätselhaftes und seltsames Ding fliegt hier in Stockholm herum. Was ist das? Die Leute behaupten, eine ungewöhnliche, kleine, fliegende Tonne oder etwas Ähnliches komme hin und wieder mit kräftigem, brummendem Motor über die Hausdächer im Vasaviertel gesaust.

Das Luftfahrtamt weiß nichts von diesem Flugverkehr. Die Behörden vermuten nun einen Spion hinter der Tonne. Eine Belohnung ist zur Ergreifung dieses Gegenstandes ausgesetzt worden. Der
10 Finder braucht das Ding nur auf der Redaktion dieser Zeitung abzuliefern und kann das Geld in Empfang nehmen.

1. Bestimme alle Satzglieder im ersten Textabschnitt und ordne sie in folgende Tabelle ein. Orientiere dich an dem Beispiel.

Subjekt	Prädikat	Akkusativobjekt	Dativobjekt	Adverbialbestimmung
Lilebror	erwachte			eines Morgens

2. Markiere im zweiten Textabschnitt alle Substantive, zu denen genauere Angaben gemacht werden. Unterstreiche die Attribute.

3. Schreibe den dritten Textabschnitt ab und gestalte ihn anschaulicher, indem du passende Attribute einfügst. Nutze die vorgegebenen Wörter. Arbeite im Heft.

schwedisch ungewöhnlich zuständig ausländisch fliegend
anständig merkwürdig ehrlich komisch

Satzglieder untersuchen und verwenden

○ **EXTRA: Üben**

Subjekt und Prädikat

1. Ermittle in jedem Satz das Subjekt, indem du die Frage *Wer oder Was?* stellst. Schreibe es jeweils auf die Zeile dahinter.

1. Immer schon beobachteten die Menschen den Himmel. _____

2. Am Himmel leuchten die Sterne. _____

3. Satelliten fliegen durch das All. _____

4. Himmelsfärbung und Wolkengebilde lassen das Wetter erahnen. _____

5. Ohne Sonne ist kein Leben auf der Erde möglich. _____

2. Unterstreiche in den folgenden Sätzen die Prädikate. Kreuze die Sätze mit mehrteiligen Prädikaten an.

☐ Die Erde umkreist die Sonne.

☐ Das konnte Galileo Galilei wissenschaftlich nachweisen.

☐ Er wurde 1564 in Pisa geboren.

☐ Galileo entwickelte ein Teleskop*, um den Himmel zu beobachten.

☐ Zuvor sah man die Erde als Mittelpunkt des Universums.

☐ Galileos Forschungsergebnisse wurden erst 1632 veröffentlicht.

* Teleskop: Fernrohr

Objekte

3. Erfrage in den folgenden Sätzen die Objekte. Mit der Frage *Wen oder Was?* ermittelst du das Akkusativobjekt (AO) und mit der Frage *Wem?* das Dativobjekt (DO). Schreibe unter jedem Satz die vollständige Frage und Antwort auf. Orientiere dich an dem Beispiel.

1. Für Astronauten gibt es eine Art Weltraumhotel.

   Wen oder Was gibt es für Astronauten? – eine Art Weltraumhotel (AO)

2. Diese bewohnbare Raumstation trägt den Namen ISS*.

   _____

3. Hier führen Astronauten Forschungsprojekte durch.

   _____

* ISS: International Space Station (Internationale Raumstation)

4. Experimente in der Schwerelosigkeit helfen Firmen bei der Entwicklung neuer Produkte.

_____

5. Die Erkenntnisse dienen dem technischen Fortschritt.

_____

Adverbialbestimmungen

4. Ersetze die hervorgehobenen Fragewörter durch die vorgegebenen Wortgruppen. Arbeite im Heft.

Wann? können geschulte Beobachter **Wie?** die internationale Raumfähre ISS **Wo?** entdecken. **Warum?** benötigen die Astronauten eine dauerhaft bewohnbare Station im All.

am Himmel

zu bestimmten Zeiten

wegen längerer Forschungsarbeit

mit bloßem Auge

Attribute

5. Ordne die Attribute (rot) den Akkusativobjekten (blau) zu und ergänze die Sätze.

Liebe Astronauten!

Wir wünschen Ihnen einen _____

_____ auf der ISS.

An Bord erhalten Sie täglich ein _____

_____ .

Wir hoffen, Sie finden in den Schlafkojen einen

_____ .

angenehm

schmackhaft

erholsam

Aufenthalt

Schlaf

Weltraummenü

6. Schreibe aus dem folgenden Satz alle Attribute heraus. Arbeite im Heft.

Die leicht verdauliche Astronautennahrung besteht aus getrockneten Speisen in kleinen Plastikbehältern und aus sterilisiertem* Apfelmus.

*sterilisiert: keimfrei

Sätze untersuchen

Absichten durch Satzzeichen verdeutlichen

Schülerbuch S. 196 ■ Sätze untersuchen

Man kann **Aussagesätze**, **Fragesätze** und **Aufforderungssätze** unterscheiden. Bei Aussagesätzen steht das finite (gebeugte) Verb an zweiter Satzgliedstelle. Am Ende des Satzes steht ein **Punkt**. Du verwendest Aussagesätze, wenn du etwas mitteilen willst.
Heute scheint die Sonne.
Am Ende eines Fragesatzes steht ein **Fragezeichen**. Das finite Verb steht an erster oder zweiter Stelle. Fragesätze benutzt du, wenn du etwas wissen willst.
Wie wird das Wetter heute? Wird das Wetter heute schön?
In Aufforderungssätzen steht das finite Verb im Imperativ (Befehlsform) an erster Satzgliedstelle, am Ende steht ein **Ausrufezeichen**. Du verwendest Aufforderungssätze, um jemanden um etwas zu bitten oder zu etwas aufzufordern.
Sieh doch aus dem Fenster!

1. Ermittle die Satzarten im folgenden Text. Unterstreiche in jedem Satz das finite Verb und setze dann das richtige Satzzeichen.

nach Paul Maar: Eine Woche voller Samstage (Ausschnitt)

Es war Samstag__ Herr Taschenbier saß im Zimmer und wartete__ Worauf wartete er__ Das wusste Herr Taschenbier selbst nicht genau__ Warum wartete er dann__ Das lässt sich schon eher erklären: Am Sonntag schien die Sonne__ Am Montag kam Herr Mon__ Am Dienstag musste er zum Dienst__ Am Mittwoch war Mitte der Woche__ Am Donnerstag gab es Donner__ Und am Freitag hatte er frei__ Was würde also am Samstag passieren__ Klopfte es da etwa an seiner Türe__ – Seine Zimmerwirtin Frau Rotkohl kam herein und sagte: „Tun Sie was__ Gehen Sie spazieren__ Ich will saubermachen__ Heben Sie die Füße hoch__". Also ging Herr Taschenbier an einem Samstag spazieren__ Dabei lernte er das Sams kennen__

Sätze können **Anreden, Ausrufe, Bekräftigungen, Bitten** oder Wörter der **Bejahung** oder **Verneinung** enthalten. Diese werden durch **Komma** vom übrigen Satz abgetrennt.
Frank, kommst du heute zu mir? Ach, das habe ich ganz vergessen! Ja, gerne, ich komme. Nein, leider habe ich keine Zeit.

2. Lies das folgende Gespräch. Füge die Satzzeichen und die fehlenden Kommas ein.

Es war ein schöner Samstagmorgen. An der nächsten Straßenecke stand dicht gedrängt eine Menschengruppe. Herr Taschenbier ging neugierig darauf zu. Die Leute betrachteten etwas.

Frau 1: Man muss den Zoo benachrichtigen
Mann 1: Ja in jedem Fall Das scheint eine Affenart zu sein
Mann 2: Gibt es eine Affenart mit einem Rüssel Das ist eher ein Frosch

Mann 1: Nein das kann nicht sein Haben Sie schon mal einen Frosch mit Haaren gesehen
Frau 2: Ach jetzt ist aber Schluss Sie sollten sich nicht so über ein kleines Kind lustig machen Sie als erwachsene Menschen pfui
Mann 1: Bitte schauen Sie doch genau hin Sie sind wohl kurzsichtig
Frau 2: Wie heißt du denn mein Kindchen
Sams: Ich bin kein Kindchen bäh
Mann 2: Das ist kein Tier So viel steht fest Sonst könnte es nicht reden
Mann 1: Ist es dann doch ein Kind
Lehrer: Nein ein Kind ist es auch nicht
Frau 1: Was ist es dann
Mann 2: Vielleicht kommt es vom Mars
Lehrer: Reden Sie keinen Unsinn Ich kenne mich aus Ich bin Studienrat Studienrat Groll
Sams: He Sie Studienrat Groll hat den Kopf mit Draht voll
Lehrer: Hör mit dem albernen Geplapper auf Sag uns sofort deinen Namen
Sams: Ihr seid alle dumm
Lehrer: So so wir sind dumm Dann holen wir eben die Polizei
Sams: Sie Herr Groll Die Polizei kennt meinen Namen auch nicht
Taschenbier: Aber ich weiß es vielleicht Du bist bestimmt ein Sams
Sams: Wie hast du das herausgefunden
Taschenbier: Ach man muss nur logisch denken können

Satzzeichen bei der wörtlichen Rede

Schülerbuch S. 200 ■ Sätze untersuchen

Die **wörtliche Rede** kennzeichnest du mit **Anführungszeichen**. Wer etwas sagt und wie es gesagt wird, steht im **Redebegleitsatz**. Der Redebegleitsatz kann der Rede **voran-** oder **nachgestellt** sein. Wird er vorangestellt, erscheint vor dem Beginn der wörtlichen Rede ein **Doppelpunkt**. Steht der Redebegleitsatz nach der wörtlichen Rede, so muss nach den Anführungszeichen ein **Komma** gesetzt werden.
  Der Mann sagte: „Das gibt es doch nicht!"
  „Gibt es das denn?", fragte die Frau.

1. Unterstreiche die wörtliche Rede im folgenden Text mit gestrichelter und die Redebegleitsätze mit gerader Linie. Notiere am Rand die Stellung der Redebegleitsätze. Orientiere dich an dem Beispiel.

nach Katja Reider: Ferienfreunde (Anfang)

„So, da wären wir!", sagte Papa, als er den Motor unserer Familienkutsche auf   _nachgestellt_

dem Campingplatz an einem türkisblauen Bergsee abstellte. Mama drehte sich

zu mir um und stellte fest: „In diesem Urlaub wirst du dich bestimmt nicht   _____

langweilen, Moritz!" Sie fuhr fort: „Auf Campingplätzen sind immer jede Menge   _____

Sätze untersuchen

Kinder." Na hoffentlich! Letzten Sommer in dem Hotel auf Mallorca hatte es kaum andere Kinder gegeben. „Wenn du magst, kannst du schon mal die Gegend erkunden, Moritz!", sagte Mama. – „Darf ich auch ins Wasser?", wollte ich wissen. Papa lächelte und rief mir zu: „Na klar! Aber bitte bleib im Flachen, wo du noch stehen kannst. Okay?"

2. Ergänze in der Fortsetzung der Geschichte die fehlenden Satzzeichen der wörtlichen Rede.

nach Katja Reider: Ferienfreunde (Ausschnitt)

Plötzlich hatte ich es unheimlich eilig, ins Wasser zu kommen. Eins, zwei, drei große Schritte – und dann nix wie hineiiiiin! Nach ein paar Zügen drehte ich mich auf den Rücken und ließ mich treiben. Hey, willst du mich ertränken?! rief eine Stimme hinter mir. Verdutzt drehte ich mich um. Sorry, sagte ich verlegen. Ich fuhr fort Ich habe gar nicht gemerkt, dass jemand hinter mir ist. Schon gut! lachte das sommersprossige Mädchen. Neugierig fragte sie Seid ihr gerade erst angekommen? Sieht man das? entgegnete ich erstaunt. Mit den Füßen tastete ich nach unten, spürte den Sand und ein paar Steine. Alles klar: Ich konnte stehen. Die Sommersprossige nickte grinsend Klar, du bist weiß wie ein Käsebrot! Dann sagte sie Ich heiße übrigens Leni und du? Moritz! erwiderte ich.

◯ Kommasetzung bei Aufzählungen und Satzgefügen

Schülerbuch S. 198 ■ Sätze untersuchen

Werden Wörter, Wortgruppen oder gleichartige Satzglieder **aufgezählt**, trennst du sie durch **Kommas**. Werden zwei Glieder einer Aufzählung mit **und, oder** oder **sowie** verbunden, **entfällt** an dieser Stelle das **Komma**.

Hanno, Maja, die anderen Kinder und ich spielten das neue Spiel.

68

1. Schreibe aus dem Text alle Aufzählungen heraus und setze die fehlenden Kommas.

Läuse würfeln

Dieses Spiel kannst du bei schlechtem Wetter mit einem zwei drei oder sogar mit bis zu sechs Freunden spielen. Du benötigst für jeden Spieler ein Blatt Papier und einen Stift dann noch einen Würfelbecher und einen Würfel. Jeder Mitspieler bekommt eine Zahl auf dem Würfel zugeteilt. Es wird reihum gewürfelt. Der Mitspieler, dessen Zahl gewürfelt wird, malt ein Teil von einer Laus auf sein Papier: Kopf Körper nacheinander die sechs Beine und schließlich erst das eine dann das andere Auge. Zusätzlich malt er noch je einen Fühler sowie am Schluss den Schwanz. Wer zuerst mit seiner Laus fertig ist, hat gewonnen.

Satzgefüge bestehen aus mindestens einem **Hauptsatz (HS)** und mindestens einem **Nebensatz (NS)**. Haupt- und Nebensatz werden durch **Komma** getrennt. Der **Nebensatz** wird durch Wörter wie *als, wenn, weil, dass, sodass, damit, da, ob, obwohl, nachdem, während* eingeleitet. Das finite (gebeugte) Verb steht an letzter Stelle.

Ich freue mich, wenn du mich heute besuchst.

Im **Hauptsatz** steht das finite Verb an erster oder zweiter Satzgliedstelle. Der Hauptsatz kann im Satzgefüge vor oder nach dem Nebensatz stehen.

Ich freue mich, wenn du mich heute besuchst. Wenn du mich heute besuchst, freue ich mich.

Sätze untersuchen

2. Markiere in dem folgenden Text alle finiten Verben.
– Unterstreiche Hauptsätze (HS) mit einer geraden und Nebensätze (NS) mit einer Wellenlinie.
– Stelle fest, wie häufig die unten stehenden Satzbilder vorkommen, und schreibe die Anzahl daneben.

Wettlauf um die Inseln

Dieses Spiel könnt ihr spielen, wenn ihr nachmittags draußen seid. Jedes Kind zeichnet zunächst mit einem Stück Straßenkreide eine Insel um seine Füße. Nachdem das geschehen ist, entfernt sich einer aus der Gruppe mehrere Meter von den anderen Kindern, sodass ein deutlicher Abstand entsteht. Dieses Kind hat keine eigene Insel, weil es eine der anderen erobern soll. Wenn es den Schlachtruf „Ich brauche eine Insel" ruft, rennen alle Kinder durcheinander. Jeder muss sich eine neue Insel suchen. Der Inselpirat versucht dabei, eine Insel für sich zu erobern. Besonders lustig wird es, wenn ihr bei der Inselsuche hüpft. Ihr könnt auch auf allen vieren laufen. Sobald alle Inseln besetzt sind, beginnt das Spiel von vorn.

| HS, NS. | _____ | NS, HS. | _____ | HS. | _____ | NS, HS, NS. | _____ |

3. Setze in dem folgenden Text alle fehlenden Kommas. Notiere für jeden Satz der Reihe nach das richtige Satzbild. Orientiere dich an dem Beispiel.

Gibt es hitzefrei in Afrika?

Jedes Kind weiß dass es in afrikanischen Ländern wie Eritrea Äthiopien oder Djibuti sehr heiß werden kann. Obwohl das Thermometer fast immer über 30 Grad steigt gibt es nicht jeden Tag hitzefrei. Wenn das Thermometer im Lauf des Vormittags aber auf 45 oder 50 Grad klettert dann kann man sich beim besten Willen nicht mehr konzentrieren
5 und die Lehrer machen um zehn oder elf Uhr Schluss. An solchen glutheißen Tagen bleiben übrigens auch Büros und Amtsstuben geschlossen weil die großen alten Ventilatoren an den Zimmerdecken auch nicht mehr gegen die Hitze ankommen. – In Russland hingegen zeigt das Thermometer manchmal 35 Grad minus an sodass es hier kältefrei gibt. Die Lehrer haben nichts davon weil sie auf jeden Fall zur Schule kommen müssen. Des-
10 halb schicken viele Eltern ihre Kinder trotzdem in die Schule weil sie glauben dass ihre Sprösslinge in der Schule besser aufgehoben sind. Dort kann nämlich jemand ein Auge auf sie haben während beide Elternteile tagsüber arbeiten. Immerhin findet an solchen Tagen kein normaler Unterricht statt da sich die Lehrer etwas Unterhaltsameres einfallen lassen.

HS, NS _____ , ~~~~~~~~~~~~ ;

Anwendung

Das kannst du jetzt!

Training interaktiv
Sätze untersuchen
f2gc6v

nach Joachim Friedrich: Das Pfarrfest (Anfang)

<u>Tina und ihre Eltern hatten nachts durchfahren wollen</u>. „Die achthundert Kilometer schaffe ich auf einer Backe", hatte Papa angegeben. „Wenn ich erst in Italien in der Sonne liege, habe ich die Strapazen schnell vergessen", fügte er noch hinzu. „Lasst uns losfahren!"

Das Wetter wurde während der nächtlichen Fahrt zusehends schlechter sodass sie in den
5 Bergen in ein dickes Unwetter gerieten. Obwohl Tina schon schlimme Gewitter erlebt hatte war dieses besonders bedrohlich weil es unaufhörlich blitzte und das Donnern dicht aufeinander folgte. Tinas Vater grollte: „Ärgerlich ist nur dass ich bald nichts mehr durch die Scheiben sehe." Wenn er gereizt war konnte man nicht mit ihm reden. Tina fand das aber nicht schlimm. Sie stellte sich gerade vor dass in den finstern Wäldern links und
10 rechts der Straße viele unheimliche Gestalten hausten und dort ihr Unwesen trieben wie in ihren Gruselgeschichten.

Der Vater knurrte Mir reicht es jetzt. Bei der nächsten Möglichkeit halten wir an und übernachten. Selbst wenn es die letzte Bruchbude sein sollte. Kaum hatte er das gesagt, erkannten sie im Scheinwerferlicht ein Haus mit einem verwitterten Schild „Gasthof" über
15 der Tür. Tinas Papa suchte an der Rezeption vergeblich nach einer Glocke. Hallo! Ist hier jemand? Kommen Sie doch! rief er. <u>Ein speckiger Vorhang an der Seite der Rezeption wurde beiseite gezogen.</u> Was wünschen Sie? krächzte eine alte Frau. Wir hätten gerne ein Zimmer für eine Nacht antwortete Tinas Papa. Die Alte entgegenete Das ist leider nicht möglich, gnädiger Herr. – Warum geht das nicht? wollte Tinas Papa wissen. Wir sind voll
20 belegt. Es ist Pfarrfest im Dorf. – Haben Sie denn überhaupt nichts mehr frei? Geben Sie uns nur ein Bett! Das genügt. bettelte Tinas Mama.

Die Hexe, wie Tina sie schon insgeheim nannte, wiegte ihren Kopf hin und her. „Nun, eine kleine Kammer hätte ich noch. Aber ich weiß nicht, ob das der Kleinen gefallen wird, gnädiger Herr." – „Warum nicht?", rief Tina. Die Alte erhob den Blick zum Him-
25 mel und bekreuzigte sich. „Es ist, wie soll ich sagen, etwas unheimlich. Wir glauben, dass es darin spukt." <u>Tina lief ein eiskalter Schauer über den Rücken.</u> Gleichzeitig hätte sie am liebsten laut gejubelt. Ein richtiges Spukzimmer! Das hatte sie sich immer schon gewünscht.

1. Suche im gesamten Text je zwei Beispiele für die Satzarten Fragesatz, Aufforderungssatz und Aussagesatz und schreibe sie heraus. Markiere die finiten Verbformen. Arbeite im Heft.

2. Forme die unterstrichenen Sätze in Fragesätze um und schreibe sie auf.

_____

_____

_____

3. Setze im zweiten Textabschnitt alle fehlenden Kommas.

4. Ergänze im dritten Textabschnitt die Satzzeichen der wörtlichen Rede.

71

Sätze untersuchen

EXTRA: Üben

Kommas bei Ausrufen und Anreden

1. In den drei Witzen fehlen die Kommas. Setze sie an der richtigen Stelle ein.

Ein Schüler fragt: „Herr Lehrer wollten Sie uns nicht heute etwas über das Gehirn erzählen?" – Darauf der Lehrer: „Nein später. Im Augenblick habe ich etwas anderes im Kopf."

Die Musiklehrerin will wissen: „Kinder welches ist das älteste Musikinstrument?" – Peter meldet sich. „Ja bitte Peter!" – „Na das Akkordeon! Das hat die meisten Falten."

Bea kommt nach ihrem ersten Schultag nach Hause. Der Vater fragt: „Na Bea! Hat alles geklappt?" Bea antwortet: „Tja irgendwie nicht. Ich muss morgen noch einmal hin."

Wörtliche Rede

2. Formuliere mithilfe der Verben zu dem Gespräch passende Redebegleitsätze. In Klammern ist angegeben, ob sie nachgestellt oder vorangestellt sein sollen. Arbeite im Heft.

rufen · sagen · fragen · antworten · wundern · entgegnen · bitten · erzählen

nach Franz Hohler: Tschipo (Ausschnitt)

Das riecht aber eigenartig, dachte die Mutter, als sie vor der Tür des Kinderzimmers stand.

Mutter: „Tschipo, wach auf!" (nachgestellt)
Tschipo: „Aaah!" (nachgestellt)
Mutter: „Tschipo, hast du gut geschlafen? Ist irgendetwas passiert?" (vorangestellt)
Tschipo: „Nein, ich habe gut geschlafen und es ist nichts passiert." (vorangestellt)
Mutter: „Komisch, es riecht hier wie auf einer Baustelle." (nachgestellt)
Tschipo: „Ja, davon habe ich auch geträumt." (vorangestellt)
Mutter: „Das musst du mir genauer erklären." (nachgestellt)
Tschipo: „Ich durfte auf einer Baustelle mit einer Dampfwalze über Teer fahren. Deshalb riecht es hier so." (vorangestellt)

3. Unterstreiche in dem folgenden Text die wörtliche Rede und setze die fehlenden Satzzeichen („"/ : / ,). Orientiere dich an dem Beispiel.

nach Aesop: Des Bären Rat

Zwei Freunde wanderten dieselbe Straße entlang. Auf einmal fiel ein Bär die beiden an. <u>„Nur schnell weg!"</u>, rief der eine und kletterte auf einen Baum. Der andere sagte zu sich_Bären rühren keine Toten an._ Er warf sich zu Boden und hielt den Atem an. Der Bär hielt

ihn beim Beschnüffeln für tot und trollte davon. __Was hat dir denn der Bär ins Ohr geflüstert?__ fragte der Freund, als er vom Baum herabgeklettert war. Da gab der andere zur Antwort__ Such dir künftig einen treueren Wandergenossen aus, der dich bei Gefahr nicht verlässt!__

Kommas bei Aufzählungen und Satzgefügen

4. Was wird Lisa alles zur Klassenfahrt mitnehmen? Vervollständige ihre Liste mithilfe der Vorgaben und setze die Kommas. Tipp: Die Wörter „und", „sowie" und „oder" kannst du anstelle eines Kommas verwenden und damit die Aufzählung abwechslungsreicher gestalten.

Zahnbürste · Seife · Kamm · Schlafanzug · Unterwäsche · Turnschuhe · Chips · Zahncreme · Kartenspiel · Taschenlampe · drei T-Shirts · Socken · Schokolade

In meinen Rucksack packe ich ...

Für die Waschtasche brauche ich ...

Nicht vergessen darf ich ...

5. Markiere die gebeugten Verben der Teilsätze.

Hauptsätze	Nebensätze
Wir mussten schon um 7 Uhr losfahren	als wir ankamen.
Die Busfahrt verlief zügig	obwohl es erst 22 Uhr war.
Unser Lehrer verteilte uns auf die Zimmer	dass wir dort sehr vorsichtig sein mussten.
Wir hatten die Aufteilung vorher besprochen	da wir uns viel im Freien bewegt hatten.
Wir gingen in den Kletterwald	weil wir zum Mittag da sein wollten.
Allen war klar	nachdem wir Mittag gegessen hatten.
Am Abend waren wir sehr müde	weil wir keinen Stau hatten.
Wir schliefen schon alle	damit es keinen Streit gab.

6. Verbinde die Haupt- und Nebensätze, die zueinander passen, und bringe sie in die richtige Reihenfolge. Vergiss nicht, die Kommas zu setzen. Orientiere dich an dem Beispiel. Arbeite im Heft.

Regeln und Verfahren der Rechtschreibung

⊖ Substantive und Substantivierungen erkennen und großschreiben

Schülerbuch S. 208 ■ Rechtschreibung

> **Substantive** (auch: Nomen) und **Substantivierungen** schreibt man **groß**. **Substantive** bezeichnen Lebewesen, Gegenstände, Gefühle oder Gedanken und lassen sich mit einem Artikel kombinieren. Oft enden sie auf **typische Suffixe**, wie -heit, -ung, -keit, -nis, -schaft. **Substantivierungen** sind Wörter, die im Satz **wie Substantive gebraucht** werden. Du erkennst sie auch an Begleitern wie **Artikel, Possessivpronomen** oder **unbestimmte Mengenangaben**.
> *sein Springen, etwas Hohes*

1. Lies den folgenden Text und unterstreiche alle Substantive. Übertrage sie in dein Heft und schreibe in Stichpunkten dahinter, woran du sie erkannt hast.

Heute spielte Walter mit seiner Mannschaft gegen die starken Jungs aus dem Nachbarort. Er war ausgewechselt worden und saß jetzt auf der Reservebank. Aufgeregt verfolgte er die letzten Minuten des Spiels. Wer würde am Ende der glückliche Gewinner sein? Walter erhoffte sich den Sieg für die eigene Mannschaft, denn sie hatte hart für das Spiel trainiert. Sie benötigten nur noch ein Tor. Der Ball flog hin und her und die Spannung stieg. Die Spielzeit war inzwischen vorbei, aber ein paar Minuten Verlängerung gab es noch. Da überwand einer der Jungen alle Hindernisse und erzielte ein Tor – allerdings für die Gegner. Der Schiedsrichter pfiff das Spiel ab. Nun gab es keine Gelegenheit mehr für einen Treffer. Verloren! Schade!

2. Suche aus den Wortstämmen und Suffixen passende Paare heraus und setze sie zusammen. Orientiere dich an dem Beispiel.

HEIT   GEMEIN   SCHAFT   ERGEB   GESUND
~~KEIT~~   SCHAFT   NIS   ~~TAPFER~~   ERRUNGEN   UNG   WERT

Tapferkeit, _____

_____

_____

_____

3. Bilde mit den Substantiven aus Aufgabe 2 jeweils einen sinnvollen Satz und markiere die Begleiter. Orientiere dich an dem Beispiel.

Durch seine Tapferkeit konnte er im Wettkampf alle besiegen.

_____

_____

_____

4. In dem folgenden Text sind substantivierte Verben und Adjektive hervorgehoben. Allerdings fehlen die Wörter, die die Substantivierung anzeigen. Ergänze diese, indem du dich nach den Angaben in Klammern richtest. Orientiere dich an dem Beispiel.

__Das__ (Artikel) **Aufregende** an einem Besuch im Schwimmbad ist _das_ (Artikel) **Springen** vom 3-Meter-Turm. Elke steht an der Treppe zum Sprungturm. Sie liest das Schild: „_Beim_ (versteckter Artikel) **Anliegen** der Kette ist _das_ (Artikel) **Betreten** verboten." Elke fragt den Bademeister, ob jemand gestürzt sei, aber _sein_ (Possessivpronomen) **Lachen** verrät ihr, dass _nichts_ (unbestimmte Mengenangabe) **Gefährliches** passiert ist. Dann geht Elke über die Treppe ins Wasser. Brrr, ist das kalt! Doch _beim_ (versteckter Artikel) **Schwimmen** wird ihr schnell wärmer. Nach einigen Runden legt Elke eine Pause ein. Sie sucht sich einen Liegestuhl _zum_ (versteckter Artikel) **Ausruhen**. _Ihr_ (Possessivpronomen) **Herzklopfen** lässt nach und sie denkt: Faulenzen ist auch _etwas_ (unbestimmte Mengenangabe) **Schönes**.

5. Forme die folgenden Sätze so um, dass die unterstrichenen Substantivierungen aufgelöst werden. Orientiere dich an dem Beispiel. Tipp: Im letzten Satz gibt es zwei Substantivierungen. Experten können versuchen, auch beide aufzulösen. Arbeite im Heft.

a) Das Eintauchen ins Wasser ist bei Turmspringern entscheidend.
b) Beim Weitsprung ist das genaue Abspringen an der Linie wichtig.
c) Am besten gefällt den Mädchen beim Reiten die Beschäftigung mit den Pferden.
d) Das Gesunde am Schwimmen ist die Bewegung im Wasser.

Bei Turmspringern ist entscheidend, wie sie ins Wasser eintauchen.

75

Regeln und Verfahren der Rechtschreibung

◔ Wörter mit gleich und ähnlich klingenden Lauten

Schülerbuch S. 212 ■ Rechtschreibung

 Bist du unsicher, mit welchem **Laut** man ein **Wort am Ende** schreibt, so **verlängere das Wort** und du erkennst bei deutlicher Aussprache auch die richtige Schreibweise. Bei **Verbformen** bildest du einfach die **Grundform**.
　Berg ⟶ Berge, er gibt ⟶ geben
Musst du dich zwischen **ä und e** oder **äu und eu** entscheiden, suche nach **verwandten Wörtern**.
　Räume ⟶ Raum

1. Setze in die Lücken die richtigen Buchstaben ein.

　b oder **p** ?

Golf ist eine belie__te Sportart bei Menschen, die sich gerne im Freien aufhalten. Der sportliche Zeitvertrei__ stammt aus Schottland. Das Handica__ gi__t an, wie gut ein Spieler ist.

　d oder **t** ?

Viele Menschen können sei__ ihrer Kindheit mit dem Fahrra__ fahren. Doch eine Fahr__ mit dem Einra__ schaffen nur wenige. Dabei ist es wichtig, das Gleichgewich__ nicht zu verlieren.

　g oder **k** ?

Schach gilt als Den__sport. Jeder Zu__ muss gut überle__t sein. Der Gegner wird so lange bedrän__t, bis er einen Fehler macht. Ein guter Spieler schrän__t die Spielmöglichkeiten des anderen ein und len__t den Spielverlauf zu seinen Gunsten.

　äu oder **eu** ?

Klettern wird h__tzutage in verschiedenen Formen ausgeübt, nicht nur im Freien, auch in geschlossenen R__men. Aus dem Sportklettern hat sich das Geb__deklettern entwickelt, was h__fig an Fassaden und Denkmälern stattfindet. Beim Alpinklettern steht nicht so sehr der Sport im Mittelpunkt, vielmehr das Erklimmen eines Berggipfels. Hat der Kletterer sein Ziel erreicht, ist die Fr__de groß.

2. Verlängere die angegebenen Wörter, sodass du die richtige Schreibung erkennen kannst. Orientiere dich an dem Beispiel.

len(**g/k**)t　　_lenken_　　⟶　_lenkt_

Kor(**b/p**)　　_____　　⟶　_____

Ta(**d/t**)　　_____　　⟶　_____

Schla(**g/k**)　　_____　　⟶　_____

Wörter mit kurz und lang gesprochenem Vokal

Schülerbuch S. 214 ■ Rechtschreibung

Die richtige Schreibung von **Wörtern mit betontem kurzen Vokal** erkennst du, indem du deutlich die Silben sprichst. Hörst du zwei Konsonanten (Mitlaute), muss das Wort nach dem Vokal (Selbstlaut) mit **verdoppeltem Buchstaben** geschrieben werden.
Mat-te, klet-tern, schwim-men
Handelt es sich um das **Wort- oder Silbenende, verlängerst** du einfach das **Wort**, bevor du die Silben deutlich sprichst. Bei Verbformen bildest du die Grundform.
Schritt ⟶ Schrit-te, du lässt ⟶ las-sen

1. Setze im folgenden Text in die Lücken die richtigen Buchstaben ein. Orientiere dich an dem Beispiel.

Im Winter beschlo**ss**en die Kinder mit dem Schli**tt**en den Hügel hinter dem alten Schlo**ss** hinunterzufahren. Zuerst holten sie den Schli**tt**en aus dem Ke**ll**er. Danach mu**ss**ten sie nur noch schne**ll** Jacke, Schal, Handschuhe und Mütze anziehen und schon ra**nn**ten sie freudig los. Es war ein so **eis**iger Tag. Als sie auf dem Hügel ankamen, ste**ll**ten sie fest, dass der Schnee sehr tief war. Sie sanken bis über die Knie ein. Die Fahrbahn war aber schon so festgefahren, dass sie ohne Schwierigkeiten hinunterrodeln ko**nn**ten. Einmal sind Anne und Otto umgefa**ll**en. Lachend lagen sie auf dem Rü**ck**en und schü**tt**elten sich den Schnee aus den Haaren. Zum Abschlu**ss** bewarfen sich alle noch mit Schneebä**ll**en, bis ihnen kalt war und sie ins Warme wo**ll**ten.

2. Suche je ein passendes Reimwort und schreibe es auf.

rennen	pennen, brennen	Schlitten	Bitten
fallen	knallen	Wette	Kette
rollen	Schollen	Ball	schall
tippen	kippen	Kappe	Mappe
schwimmen	trimmen	Matte	hatte

77

Regeln und Verfahren der Rechtschreibung

> **Wörter mit lang gesprochenem Vokal** schreibt man mit einem **Dehnungs-h**, bei **lang betontem i-Laut** meist mit **ie**. Eine Ausnahme bilden hier viele Fremdwörter.
>   Kahn, Lehne, Sieg, fliegen, Klima
> Oft ist ein lang gesprochener Vokal durch einen geschriebenen **Doppelvokal (aa, ee, oo)** gekennzeichnet.
>   Boot, Saal
> Am besten ist, du prägst dir alle diese Wörter ein.

3. Entscheide dich für die richtige Schreibung, indem du die falsch geschriebenen Wörter durchstreichst.

~~Zaal~~	Zahl	~~Zal~~
~~Ziel~~	~~Zihl~~	~~Zil~~
~~Kuugel~~	~~Kuhgel~~	Kugel
~~Keegel~~	~~Kehgel~~	Kegel
Boot	~~Boht~~	~~Bot~~
~~Kihlogramm~~	Kilogramm	~~Kiilogramm~~

4. Fülle die Lücken in den folgenden Sätzen aus. Tipp: In einem Fall musst du nichts ergänzen.

1. Er braucht ein neues Pa_a_r Fußballschuhe.
2. Sie fährt mit den Skiern ins Ta___l.
3. Alle wollen als Erste das Zi_e_l erreichen.
4. I_h_re Schwimmzeit war heute gut.
5. Die Kinder zi_eh_en an beiden Seiten des Seils gleichzeitig.

5. Löse das folgende Rätsel. Setze das Lösungswort in den unten stehenden Merksatz ein.

Kopfbedeckung in der Schwimmhalle: _badekappe_ (1)

Bootsteil: _segel_ (2)

Fußbekleidung: _schuhe_ (3)

Paddelboot: _kanu_ (4)

Schwimmen unter Wasser: _tauchen_ (5)

Pferdesport: _reiten_ (6)

Gewinner: _sieger_ (7)

Die Kennzeichnung von lang gesprochenen Vokalen nennt man _dehnung_.

Wörter mit s-Lauten

Schülerbuch S. 218 ■ Rechtschreibung

Scharf gesprochene s-Laute nennt man **stimmlos**. S-Laute, die man summen kann, nennt man **stimmhaft**.
lassen, rasen
Stimmhafte s-Laute werden immer als s geschrieben. Einen stimmlosen s-Laut, der bei Verlängerung des Wortes stimmhaft wird, schreibst du ebenfalls **als s**.
Haus ⟶ Häuser
Bleibt der **stimmlose s-Laut** auch bei Verlängerung des Wortes stimmlos, so schreibst du ihn **nach kurzem Vokal als ss** und **nach langem Vokal als ß**.
Schluss, Fuß

1. Ergänze in dem folgenden Text die richtigen s-Laute.

Es regnete. Lara hasste es, wenn sie im Regen reiten musste. Aber heute war das Abschlusstraining vor dem wichtigen Springturnier in zwei Tagen. Die Hindernisse waren schon aufgebaut, so dass es auch gleich losgehen konnte. Lara begann mit dem Steilsprung, dem leichtesten Sprung im Parcours.* Anschließend musste sie den Oxer springen, einen Hochweitsprung. Dann folgte die Triplebarre, die aus drei aufsteigenden Stangen besteht, und daran schloss sich die Planke an. Manchmal scheute Laras Pferd davor und trippelte nervös mit den Füßen, heute machte es jedoch keine Probleme. Zum Schluss kam noch die Mauer. Die ist das einzige undurchsichtige Hindernis. Deshalb sollte jedes Pferd vorher daran gewöhnt werden. Obwohl Lara schon oft mit ihrem Pferd über die Mauer gesprungen war, stoppte es plötzlich. Und da passierte es: Das Pferd warf Lara auf den nassen Boden. Doch sie hatte Glück. Außer einem Kratzer auf der Nase und ein paar blauen Flecken war nichts geschehen.

* Parcours: Weg mit Hindernissen

Regeln und Verfahren der Rechtschreibung

2. Fülle die Tabelle aus, indem du die fehlenden Verbformen einträgst.

	lassen	messen	stoßen	reißen
ich	lasse	messe	stoße	reiße
du	lässt	misst	stößt	reißt
er	lässt	misst	stößt	reißt
wir	lassen	messen	stoßen	reißen
ihr	lasst	messt	stoßt	reißt
sie	lässt	misst	stößt	reißt

3. Suche zu folgenden Wörtern möglichst viele Reimwörter. Schreibe sie in alphabetischer Reihenfolge dahinter.

messen essen, fressen, dessen, hessen
Schluss schuss, kuss, muss, guss, Nuss
kreisen eisen, Meisen, reisen
Fuß gruß, muss
Masse Klasse, hasse, krasse, rasse, nasse, blasse
schließen schießen, gießen, fließen

4. Achte auf den Unterschied in der Bedeutung der folgenden Wörter und setze den richtigen s-Laut ein. Orientiere dich an dem Beispiel.

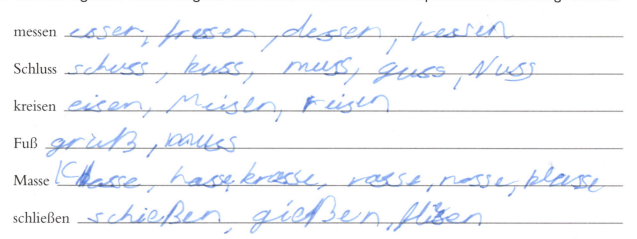

Sie   genie**ß**t   ihren Sieg.
Sie hat   genie**s**t,   weil sie krank ist.
Die Läufer   la**ss**en   ihre Zeit ab.
Sie   la**ss**en   sich die Regeln erklären.
Kalle   rei**s**t   zu den Olympischen Spielen.
Versehentlich   rei**ß**t   er vom Trikot einen Knopf ab.
Der Marathon wurde ihm   fa**s**t   zu lang.
Beim Aufbau der Hindernisse fa**ss**t Georg mit an.
Er   mi**ss**t   die Länge des Sprungs.
„So ein   Mi**s**t!",   schimpft der Verlierer.

Anwendung

• Das kannst du jetzt!

Training interaktiv
Rechtschreibung
rd774q

nach Harald Braun: Sportgeist

Als bei den Olympischen Spielen von Amsterdam im Dreitausend-Meter-Hindernislauf Nurmi gleich beim ersten Graben der Länge nach ins Wasser fiel, da <u>drehte</u> sich der vor ihm befindliche Franzose Duchesne um und half dem tropfnassen <u>Finnen</u> im wahrsten Sinne des Wortes aus der Patsche.
Versetzt euch doch einmal in die Lage!
Duchesne, der vorne lag, hörte hinter sich das finnische Weltwunder ins Wasser <u>fallen</u>. Bis zu diesem Augenblick konnte er etwa <u>Folgendes</u> gedacht haben: Ich habe gegen Nurmi zu laufen, welch ein Pech! Ich <u>weiß</u>, was ich kann. Aber gegen den ankommen? Hoffnungslos! So etwa.
Oder, er könnte auch gedacht haben: Ich habe gegen Nurmi zu laufen. Gegen Nurmi! Ich will, ich muss, ich werde versuchen, <u>besser</u> zu sein als er. Irgendeiner muss ihn doch schließlich irgendwann einmal besiegen, warum soll das nicht ich sein?
Das ist sie, konnte Duchesne denken, das ist sie, die Chance! Nurmi <u>zappelt</u> im Wasser; Pech für ihn. Los, Duchesne, heut wirst du Erster!
Aber Duchesne drehte sich um, ohne zu zögern, und half Nurmi heraus.
Wenn es Denkmäler gäbe für sportlichen <u>Geist</u>, nicht bloß für sportliche Leistungen, so hätte sich der Franzose Duchesne eines verdient.
Denn der Sieg, den er davontrug, ist und wiegt schwerer als ein Sieg über den andern: der Sieg über sich selbst!
Duchesne und Nurmi <u>liefen</u> weiter. Die anderen hatten sie überholt. Nurmi holt auf. Duchesne mit. In der letzten Runde sind die Beiden den <u>Übrigen</u> um viele Meter voraus. Nurmi ist <u>Erster</u>. Duchesne dicht hinter ihm.
Da, einen halben Meter vorm Ziel, stoppt Nurmi. Er will Duchesne durchs Ziel lassen. Aber Duchesne lächelt und nimmt es nicht an. So ziehen beide mehr neben- als hintereinander übers Band in ihren <u>wahrlich</u> mehr als doppelten Sieg.

1. Ordne die im Text unterstrichenen Wörter in die Tabelle ein.

Substantivierung	Wort mit kurzem Vokal	Wort mit langem Vokal	Wort mit s-Laut
Folgendes	Finnen	dreht	weiß
Übrigen	fallen	~~Geist~~ wahrlich	besser
Erster	zappelt	liefen	Geist

2. 📰 Schreibe aus dem Text alle Wörter mit *ß* und mit *ss* heraus und begründe die unterschiedliche Schreibung. Arbeite im Heft.

3. Entscheide dich für die richtige Schreibung, indem du das falsch geschriebene Wort durchstreichst. Du kannst dich mit dem Text kontrollieren.

~~zieen~~   Meter   Welt   ~~Augenblig~~   stopt   ~~Waser~~

ziehen   ~~Meeter~~   ~~Weld~~   Augenblick   stoppt   Wasser

Regeln und Verfahren der Rechtschreibung

EXTRA: Üben

Substantive und Substantivierungen

1. Schreibe die folgenden Sätze mit richtiger Großschreibung in dein Heft.

   1. jan geht an zwei tagen in der woche zum schwimmtraining.
   2. er ist einer der besten aus seiner altersgruppe.
   3. jans mutter sieht oft beim schwimmen zu.
   4. dann steht sie hinter der glasscheibe und staunt über die schnellen bewegungen ihres sohnes.
   5. vor jedem wettkampf wünscht sie ihm alles gute.

2. Bilde Wortgruppen und achte auf die richtige Schreibung. Orientiere dich an dem Beispiel.

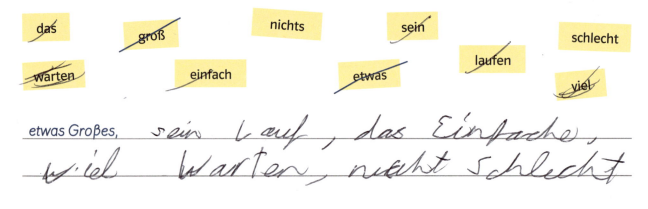

etwas Großes, sein Lauf, das Einfache, viel Warten, nicht schlecht

Lang gesprochene Vokale

3. Ordne die folgenden Wörter nach ihrer Schreibung in die Tabelle ein.

biegen 1, ihr 3, Kilo 5, ihm 8, Laufstil 10, Sieh! 12, wir 7, Linie 9, Vieh 11, verlieren 13, Spiel 2, Niederlage 4, Sieg 6

i	ie	ih	ieh
5	1	3	11
7	2	8	12
9	4		
10	6		
	13		

4. Suche aus dem Wortgitter Wörter mit Dehnungs-h heraus und schreibe sie auf.

R	T	N	A	H	Q	W	L
M	E	H	R	G	A	A	S
N	B	O	H	N	E	H	U
Z	P	H	R	L	V	R	I
X	I	R	I	I	H	L	T
D	E	K	B	A	H	N	Ö

Bohne
mehr
Uahr
Bahn

Wörter mit s-Lauten

5. Ordne die folgenden Wörter nach ihrer Schreibung in die Tabelle ein.

Dressur   Diskus   Wasserball   Maßband   Schießübung
Motocross   Fußball   Tennis   Frisbee   Eisbahn

s	ss	ß
3	1	4
6	2	7
8	5	9
10		

6. Entscheide dich für die richtige Schreibung, indem du das falsch geschriebene Wort durchstreichst.

Fußball   ~~Schuß~~   Lasso   ~~Raßen~~   Floß
~~Fussball~~   Schuss   ~~Laso~~   Rasen   ~~Floss~~

7. Begründe mit je einem Satz die Schreibweise des s-Lautes in den unterstrichenen Wörtern.

An der Kasse kaufen sie eine Eintrittskarte für das Spiel.

Weil Kasse kurz gesprochen wird.

Die meisten Jungen spielen gerne Fußball.

Weil faßball lang gesprochen wird und weil es als schartes s gesprochen wird

Die Skifahrer sausen den Berg hinunter.

Weil sausen lang und mit einen weichen s gesprochen wird

Test – Sprache

 Kannst du das? – Sprache

1. Setze in die Textlücken die vorgegebenen Wortgruppen im richtigen Kasus ein. Schreibe Kasus und Numerus der Wortgruppe in Klammern dahinter. Orientiere dich an dem Beispiel.

   N = Nominativ, G = Genitiv, D = Dativ, A = Akkusativ, Sg. = Singular, Pl. = Plural

   Es war einmal ein Müller, der lebte mit (1) _seiner schönen Tochter (D/Sg.)_ in (2) _____

   _____ (____). Er war so stolz auf sie, dass er (3) _____ (____)

   erzählte, sein Mädchen könne Stroh zu Gold spinnen. „Nur (4) _____

   (____) verdient sie zur Braut", rief er. Da ritt ein Jäger (5) _____

   (____) an (6) _____ (____) vorbei und hörte die Worte

   (7) _____ (____). Im Palast erzählte er (8) _____

   (____) von dem Mädchen. Daraufhin befahl der König dem Jäger, die Müllerstochter in

   (9) _____ (____) zu bringen. (10) _____

   (____) war verzweifelt und hatte Angst vor dem Herrscher. Dieser führte sie durch

   (11) _____ (____) in einen Raum voll Stroh. „Spinne mir

   (12) _____ (____) zu Gold, bevor die Sonne aufgeht", sagte er.

   In (13) _____ (____) stand ein Spinnrad. Die Müllerstochter setzte sich

   auf (14) _____ (____) und begann bitterlich zu weinen.

   (1) ~~seine schöne Tochter~~   (2) ein ärmliches Haus   (3) alle Menschen

   (4) ein König   (5) der König   (6) die Mühle   (7) der Müller   (8) der König

   (9) der Palast   (10) das arme Mädchen   (11) seine Gemächer   (12) das Stroh

   (13) das Zimmer   (14) ein Schemel

2. Bestimme die unterstrichenen Satzglieder. Ordne in der Tabelle den vorgegebenen Satzgliedern die richtigen Buchstaben zu. Orientiere dich an dem Beispiel.

   Am nächsten Morgen (A) haben sich die Kinder (B) auf den Weg gemacht. Sie gelangten (C) aber immer tiefer in den Wald. Plötzlich (D) bemerkte (E) Hänsel einen kleinen weißen Vogel (F), der sie (G) zu einem Haus führte. Die Wände des Hauses (H) bestanden ganz aus Lebkuchen und Plätzchen. Wegen ihres großen Hungers (I) begannen die Beiden (J) vorsichtig das Haus (K) anzuknabbern. Auf einmal öffnete sich die Tür (L) und eine alte Frau (M) kam heraus. Ihr (N) gehörte das Häuschen. Die Kinder erschraken (O) sehr (P). Doch die Alte (Q) winkte sie freundlich herein und bot ihnen (R) zwei Schlafplätze (S) an. In der Nacht (T) schliefen die Kinder (U) tief und fest (V) und glaubten sich in Sicherheit, bis am nächsten Morgen der Hahn krähte (W).

Satzglieder	Buchstabe des Satzgliedes im Text
Subjekte	
Prädikate	
Objekte im Dativ	
Objekte im Akkusativ	
Adverbialbestimmungen	A,

3. Entscheide dich für die richtige Schreibweise. Setze *s*, *ss* oder *ß* in die Lücken ein.

Vor langer Zeit lebte ein hochnä___iger Kaiser im Überflu___. Am liebsten a___ er Fleischspie___e mit Klö___en und Tomatenso___e. Anschlie___end gönnte er sich ein köstliches Nu___ei___, Apfelmu___ oder Schokokü___e und eine Ta___e Kakao, die hei___ sein mu___te. Dann legte er bei einem Gla___ Brau___e die Hände in den Scho___ und geno___ in seinem Lieblingsse___el das Leben. Der Kaiser besa___ gro___e Mengen teurer Kleider und Gewänder, denn er ha___te es, ein Gewand mehrmal___ tragen zu mü___en. Daher beschlo___ er, dass flei___ige Schneider in seine Dienste treten sollten, um ihm neue pa___ende Kleider zu nähen. Eines Tages erschienen zwei Fremde im Schlo___ und gaben sich als gro___e Meister der Schneiderkunst aus. Der Kaiser entschlo___ sich, die Beiden einzustellen.

4. Entscheide, ob die markierten Wörter groß- oder kleingeschrieben werden, und trage den richtigen Anfangsbuchstaben ein.

Früher wurden Märchen auf (g/G)___roßen Marktplätzen, in (g/G)___eselligen Wirtshäusern oder im (e/E)___ngen Familienkreis erzählt. Durch das (w/W)___eitererzählen veränderten sich die Märchen. Schriftsteller und Gelehrte begannen solche Volksmärchen zu (s/S)___ammeln.
Die (b/B)___ekanntesten Märchensammler waren die Brüder Grimm. Wenn sie etwas (i/I)___nteressantes hörten, schrieben sie es auf. Auf diese Weise trugen sie viel (s/S)___pannendes und manch (u/U)___ngewöhnliches zusammen. Die (s/S)___chönsten Volksmärchen sind in der großen Sammlung „Kinder- und Hausmärchen" zusammengefasst. Auch heute noch lieben viele Kinder das (l/L)___esen und (v/V)___orlesen dieser Märchen.

85

Test – Hörverstehen

Kannst du das? – Hörverstehen

 Hörtext
Supermarkt oder Fußballwiese?
ru38si

Supermarkt oder Fußballwiese?

Höre dir das Gespräch der Kinder einmal an. Du kannst dir dabei Notizen machen. Bearbeite anschließend die folgenden Aufgaben.

1. Wie viele Kinder treffen hier zusammen? Kreuze die richtige Antwort an.

☐ 2   ☐ 3   ☐ 4   ☐ 6

2. Was macht Benno so wütend? Kreuze die richtige Antwort an.

☐ Schilder verweisen auf das neue Bauprogramm im Wohngebiet.
☐ Der Supermarkt wird durch die Firma Riesigbau vergrößert.
☐ Bauzäune und ein Schild verbieten den Zutritt zur Kicker-Wiese.
☐ Die Wohnsiedlung wird durch eine Großfirma erweitert.

3. Notiere den Grund dafür, warum es sicher auch bald den Kinderspielplatz nicht mehr geben wird.

_____

_____

_____

4. Was haben die Kinder beobachtet? Kreuze entsprechend an.

Die Kinder haben beobachtet, dass …

	richtig	falsch
die Schaukeln und die Spielgeräte auf dem Spielplatz verrostet sind.	☐	☐
der Sand auf dem Spielplatz in diesem Jahr bereits erneuert worden ist.	☐	☐
der Rasen wie immer gemäht wurde.	☐	☐
die Büsche in diesem Jahr noch nicht gestutzt worden sind.	☐	☐

5. Was haben die Kinder vor? Kreuze entsprechend an.

Um etwas gegen die Baustelle zu unternehmen, wollen die Kinder …

	richtig	falsch
eine Demonstration planen.	☐	☐
allen anderen davon in der Schule erzählen.	☐	☐
Plakate anfertigen.	☐	☐
mit den Erwachsenen reden.	☐	☐

6. Die Kinder machen sich ernsthaft Gedanken darüber, was sie unternehmen können. Schreibe auf, woran man das erkennen kann.

_____

7. Trage in die Lücken die richtigen Wörter oder Wortgruppen ein. Wähle aus den Vorgaben aus.

_____ war an dem Bauzaun ein _____ befestigt.

Mit aufrüttelnden Worten wendeten sich die Kinder an die Supermarktkette _____

_____. Am ganzen Bauzaun entlang hingen Kinderzeichnungen mit _____

_____. Die vorbeigehenden Leute blieben stehen und _____.

am nächsten Morgen Maximarkt unterhielten sich heulenden Kindergesichtern

lachenden Kindergesichtern nach einer Woche Schild Riesigmarkt

Aufkleber einige Tage später Plakat vierzehn Tage später protestierten

klagenden Kindergesichtern Hinweisschild lächelten Minimarkt

8. Notiere zwei unterschiedliche Geräusche, die man im Hintergrund hören kann.

_____

_____

9. Kreuze die richtige Fortsetzung des Satzes an.

Das Mädchen spricht
- [ ] undeutlich.
- [ ] zu leise.
- [ ] besonders deutlich.
- [ ] zu schnell.

10. Beurteile, ob die Kinder mit ihrer Aktion Erfolg haben werden. Begründe deine Meinung.

_____

_____

_____

Kannst du das? – Verstehendes Lesen

Sachtext

1. Lies den Text aufmerksam.

Der Maulwurf – ein Leben unter Tage

Einen Maulwurf bekommt man nur selten zu Gesicht, lediglich die Erdauswürfe auf Wiesen und Rasenflächen verraten seine Anwesenheit. Er legt ein unterirdisches Gangsystem mit einem Wohnkessel
5 und Vorratskammern an. Beim Bau wird die beiseite geschaffte Erde mit dem Kopf über die Erdoberfläche gedrückt, sodass die Maulwurfshügel entstehen.

An seine „bergmännische" Lebensweise ist der Maulwurf hervorragend angepasst. Die Vordergliedmaßen sind kurz, die Handfläche mit den fünf Fingergliedern ist schaufelförmig. Ein weiterer Kno-
10 chen, das Sichelbein, verbreitert die Handfläche zusätzlich. Der walzenförmige Körper und der spitz zulaufende Kopf erleichtern die Wühlarbeit. Dabei drückt der Maulwurf mit seinen Schaufelhänden die lockere Erde beiseite. Die Hinterbeinkrallen stemmt er in die Erde und verhindert so ein Zurückrutschen. Die lange Rüsselnase ist durch einen harten Knorpel geschützt. Das Fell besteht aus dicht stehenden, samtig weichen Haaren, die sich gleich gut in jede Richtung umlegen lassen. Es
15 hat also keinen Strich. So kann sich der Maulwurf in seinem Gangsystem sowohl im Vorwärts- als auch im Rückwärtsgang bewegen, ohne dass in seinem Fell Erde haften bleibt.

Das Gangsystem ist gleichzeitig das Revier des Maulwurfs. Hier lebt er außer in der Fortpflanzungszeit als Einzelgänger. Da sein Nahrungsbedarf sehr groß ist, macht er alle drei bis vier Stunden in den Gängen des Reviers Jagd auf Regenwürmer und andere Beutetiere, wie z.B. Spinnen und
20 Insektenlarven. Pro Tag benötigt ein Maulwurf 80 bis 100 g Nahrung. Das entspricht fast seinem eigenen Körpergewicht. Würmer, die er nicht sofort frisst, werden durch einen Biss gelähmt und in den Vorratskammern verstaut. Wie der Igel, besitzt der Maulwurf ein Insektenfressergebiss.

Um sich in seinem dunklen Lebensraum zurechtzufinden, braucht der Maulwurf einen guten Geruchs- und Tastsinn. Die Tasthaare an seiner Nase melden ihm jede leichte Erschütterung in der
25 Nähe. Geräusche an der Erdoberfläche und im Boden nimmt er mit seinen verschließbaren Ohren wahr. Die Augen sind für das Leben im Boden nicht so wichtig. Sie sind nur etwa stecknadelkopfgroß und liegen tief im Fell verborgen.

2. Schreibe auf, wo der Maulwurf fast ausschließlich lebt.

_____

3. Kreuze die richtige Fortsetzung an.

Der Text insgesamt berichtet …

☐ über die Jagd des Maulwurfs nach Nahrung.

☐ darüber, wie das Gangsystem des Maulwurfs beschaffen ist.

☐ über das Leben des Maulwurfs unter Tage.

☐ über das Verhalten des Maulwurfs im Wohnkessel.

4. Welche Aussagen sind richtig und welche falsch? Kreuze entsprechend an.

	richtig	falsch
Der Maulwurf ist meist ein Einzelgänger.	☐	☐
Der Maulwurf jagt zweimal am Tag.	☐	☐
Den Maulwurf sieht man selten an der Erdoberfläche.	☐	☐
Der Maulwurf braucht täglich fast so viel Nahrung, wie er selbst wiegt.	☐	☐

5. Zähle drei Beutetiere des Maulwurfs auf.

_____

6. Überlege dir für den 3. und 4. Textabschnitt jeweils eine passende Überschrift.

3. Abschnitt: _____

4. Abschnitt: _____

7. Ordne die folgenden Aussagen den Bereichen A und B zu. Kreuze entsprechend an.

Ein Maulwurf …	A Ernährung	B Körperbau
hat einen walzenförmigen Körper.	☐	☐
legt Vorratskammern an.	☐	☐
ist ein Insektenfresser.	☐	☐
besitzt Schaufelhände.	☐	☐

8. Das Fell des Maulwurfs hat keinen Strich. Erkläre, was das bedeutet.

_____

9. Kreuze die richtige Fortsetzung an.

Der Maulwurf muss sich in seinen Gängen zurechtfinden. Dazu braucht er …

☐ seine riesigen Schaufelhände.
☐ seine Tasthaare an der Nase.
☐ seine stecknadelförmigen Augen.
☐ seine dichten Fellhaare.

10. Ist es richtig, dass die Menschen den Maulwurf oft nur als Störenfried in ihrem Garten ansehen? Begründe deine Meinung.

_____

_____

Test – Verstehendes Lesen

Literarischer Text

1. Lies den Text aufmerksam.

Jakob und Wilhelm Grimm: Die weiße Taube

Vor eines Königs Palast stand ein prächtiger Birnbaum, der trug jedes Jahr die schönsten Früchte. Aber wenn sie reif waren, wurden sie in der Nacht alle geholt und kein Mensch wusste, wer es getan hatte. Der König aber hatte drei Söhne, davon ward der jüngste für einfältig gehalten und hieß der Dummling.

5 Da befahl der König dem ältesten, er solle ein Jahr lang alle Nacht unter dem Birnbaum wachen, damit der Dieb einmal entdeckt werde. Der tat das auch und wachte alle Nacht. Der Baum blühte und war ganz voll von Früchten. Und wie sie anfingen reif zu werden, wachte er noch fleißiger und endlich waren sie ganz reif und sollten am andern Tag gebrochen werden. In der Nacht aber überfiel ihn ein Schlaf und er schlief ein. Und wie er aufwachte, waren alle Früchte fort und nur die
10 Blätter noch übrig. Da befahl der König dem zweiten Sohn ein Jahr zu wachen. Dem ging es nicht besser als dem ersten. In der letzten Nacht konnte er sich des Schlafes nicht erwehren und am Morgen waren die Birnen alle abgebrochen.

Endlich befahl der König dem Dummling ein Jahr zu wachen. Darüber lachten alle, die an des Königs Hof waren. Der Dummling aber wachte und in der letzten Nacht wehrt' er sich den Schlaf ab.
15 Da sah er, wie eine weiße Taube geflogen kam, eine Birne nach der anderen anpickte und forttrug. Und als sie mit der letzten fortflog, stand der Dummling auf und ging ihr nach. Die Taube flog auf einen hohen Berg und verschwand auf einmal in einem Felsenritz. Der Dummling sah sich um, da stand ein kleines graues Männlein neben ihm, zu dem sprach er: „Gott segne dich!"
„Gott hat mich gesegnet in diesem Augenblick durch deine Worte", antwortete das Männlein,
20 „denn sie haben mich erlöst. Steig du in den Felsen hinab, da wirst du dein Glück finden."
Der Dummling trat in den Felsen, viele Stufen führten ihn hinunter, und wie er unten ankam, sah er die weiße Taube ganz von Spinnweben umstrickt und zugewebt. Wie sie ihn aber erblickte, brach sie hindurch, und als sie den letzten Faden zerrissen, stand eine schöne Prinzessin vor ihm. Die hatte er auch erlöst und sie ward seine Gemahlin und er ein reicher König und regierte sein Land mit Weisheit.

2. Schreibe auf, welche Aufgabe die Söhne des Königs aufgetragen bekommen.

_____

_____

3. Welche Aussagen sind richtig und welche falsch? Kreuze entsprechend an.

	richtig	falsch
Der Birnbaum stand vor dem königlichen Palast.	☐	☐
Der Birnbaum trug in jedem Jahr prächtige Früchte.	☐	☐
Der Birnbaum wurde schon immer bewacht.	☐	☐
Der Birnbaum hatte mehrmals im Jahr schöne Früchte.	☐	☐

4. Im Text heißt es, dass der jüngste Sohn des Königs für einfältig gehalten wurde. Erkläre, was das bedeutet.

_____

_____

5. Kreuze die richtige Fortsetzung an.

Die Geschichte wird erzählt …

☐ von den Brüdern Grimm.
☐ von einem Erzähler.
☐ von dem König.

6. Bringe die Handlungsschritte in die Reihenfolge, wie sie der Text vorgibt. Nummeriere sie entsprechend von eins bis vier.

☐ Das Scheitern der beiden ältesten Söhne
☐ Der König, seine Söhne und der Birnbaum
☐ Der göttliche Segen
☐ Das Lösen der Aufgabe

7. Kreuze die richtige Fortsetzung an.

Bei dem Text handelt es sich um …

☐ eine Fantasiegeschichte.
☐ eine Sage mit einem wahren Kern.
☐ ein Volksmärchen.

8. Welche Aussageabsicht hat der Text? Kreuze die richtige Antwort an.

☐ Man soll nicht so gierig nach Früchten sein.
☐ Man soll sich um eine gute Aufgabenerfüllung bemühen.
☐ Man soll über die Menschen nicht vorzeitig urteilen.

9. Kreuze an, welches Handlungsschema auf den Text zutrifft.

☐ Aufgabe ⟶ Lösungsversuche ⟶ Lösung
☐ Ausgangssituation ⟶ Aufgabe ⟶ Lösungsversuche ⟶ Lösung und glückliches Ende

10. Warum trägt der Text die Überschrift „Die weiße Taube"? Kreuze die richtige Antwort an.

☐ Die weiße Taube stiehlt die reifen Birnen und ist Schuld an der Not des Königs.
☐ Eine Prinzessin ist in eine weiße Taube verwandelt worden und wird von dem Zauber erlöst.
☐ Die weiße Taube ist von Spinnweben zugewebt, wird nun erlöst und kann wegfliegen.

11. Charakterisiere den Dummling mit eigenen Worten.

_____

Test – Schreiben

 Kannst du das? – Schreiben

Clara wohnt ganz in der Nähe des Leipziger Zoos. Als sie neulich aus der Schule kam, entdeckte sie im Garten auf dem Apfelbaum ein seltsames Tier. Nach langem Überlegen entschloss sie sich, zuerst im Zoo anzurufen und zu fragen, ob vielleicht ein solches Tier vermisst wird.

Am Telefon beschreibt Clara das Tier wie folgt:

Das komische Tier sitzt auf unserem Apfelbaum und schaut mich grimmig an. Man kann direkt Angst bekommen. Es klammert sich mit seinen vier krallenbesetzten Füßen am Ast fest. Sein Fell sieht wuschelig aus wie unser Wischmopp. Es ist weiß, dunkelbraun und schwarz. Es hat auch einen langen Schwanz. Das merkwürdige Tier ist nicht allzu groß. Es ist ca. 25 cm groß und sein Schwanz ist etwas länger als sein gesamter Körper. Sein Fell ist weich. Ich schätze mal, dass das affenähnliche Tier etwa 300 bis 450 Gramm wiegt, mehr wahrscheinlich nicht. So wie es auf dem Baum sitzt, schauen mich seine Augen direkt an. Sein Gesicht sieht aus wie das eines kleinen Affen.

1. Schreibe in Stichpunkten auf, was an Claras Tierbeschreibung verbessert werden müsste. Orientiere dich an den Merkmalen einer Beschreibung.

   _____
   _____
   _____
   _____

2. Verfasse eine eigene Beschreibung des Tieres. Nutze dazu die Abbildung, Claras Beschreibung und deine Stichpunkte aus Aufgabe 1. Arbeite im Heft.

Lernspiegel

Der Lernspiegel hilft dir, die Arbeit mit den Tests zu organisieren. Am Anfang steht, was in den Aufgaben von dir verlangt wird. Unter „Einschätzung" kreuzt du das Ergebnis an, das du in den Testaufgaben erzielt hast. Sind dir Aufgaben noch nicht so gut oder gar nicht gelungen (😐 und ☹), dann folge den Verweisen in der letzten Spalte.

Test – Sprache

Ich kann …	Einschätzung	Wiederholung
Wortgruppen deklinieren. – Aufgabe 1	☺ 😐 ☹	Schülerbuch S. 166
Satzglieder bestimmen. – Aufgabe 2	☺ 😐 ☹	Schülerbuch S. 185 f., 188, 190
den s-Laut richtig schreiben. – Aufgabe 3	☺ 😐 ☹	Schülerbuch S. 218
Substantivierungen erkennen. – Aufgabe 4	☺ 😐 ☹	Schülerbuch S. 210

Test – Hörverstehen

Ich kann …	Einschätzung	Wiederholung
einem Hörtext gezielt Informationen entnehmen. – Aufgaben 1–5, 7	☺ 😐 ☹	Schülerbuch S. 297 f. Online-Bereich Hörtexte + Arbeitsblätter
Schlussfolgerungen aus einem Hörtext ziehen. – Aufgaben 6, 8	☺ 😐 ☹	
einen Hörtext bewerten. – Aufgaben 9, 10	☺ 😐 ☹	

Test – Verstehendes Lesen (a=Sachtext, b= literarischer Text)

Ich kann …	Einschätzung	Wiederholung
einem Text zielgerichtet Informationen entnehmen. – Aufgaben 1a, 3a, 4a, 6a, 1b, 2b	☺ 😐 ☹	Schülerbuch S. 19
das Thema eines Textes bestimmen. – Aufgaben 2a, 5a, 9b	☺ 😐 ☹	Schülerbuch S. 14
die Bedeutung eines Wortes/Satzes im Textzusammenhang erklären. – Aufgaben 7a, 3b	☺ 😐 ☹	Schülerbuch S. 17
Argumente aus einem Text ableiten. – Aufgabe 8a	☺ 😐 ☹	Schülerbuch S. 28, 147
Schlussfolgerungen aus einem Text ziehen. – Aufgaben 9a, 10a	☺ 😐 ☹	Schülerbuch S. 147
den Aufbau eines Textes erkennen. – Aufgaben 4–6b, 8b	☺ 😐 ☹	Schülerbuch S. 106, 109
die Aussageabsicht eines Textes erkennen. – Aufgabe 7b	☺ 😐 ☹	Schülerbuch S. 109
eine literarische Figur charakterisieren. – Aufgabe 10b	☺ 😐 ☹	Schülerbuch S. 101

Test – Schreiben

Ich kann …	Einschätzung	Wiederholung
einen Text überarbeiten. – Aufgabe 1	☺ 😐 ☹	Schülerbuch S. 60, 65
eine Tierbeschreibung verfassen. – Aufgabe 2	☺ 😐 ☹	Schülerbuch S. 65

Fachbegriffe

Begriff	Erklärung	Beispiele	Seite
Ableitung, die	Wortbildung: Präfix + Stamm + Suffix	*un + glück + lich, Bild + ung*	41
Adjektiv, das	Eigenschaftswort	*schön, mutig, hässlich*	51
Adverbialbestimmung, die	Satzglied, nähere Umstände	*Sie steht **dort schon lange**.*	61
Akkusativ, der	4. Fall, Wen-Fall	*den Vater, die Mutter, das Kind*	49
Akkusativobjekt, das	Satzglied im 4. Fall	*Sie nimmt **das** Bild.*	60
Artikel, der	Begleiter des Substantivs	*der, die, das, ein, eine*	48
Attribut, das	Satzgliedteil, genauere Angabe	*Sie nimmt das **schöne** Bild.*	62
Aufforderungssatz, der	Satzart mit finitem Verb an 1. Stelle, am Ende Ausrufezeichen oder Punkt	*Komm doch mit ins Kino!*	66
Aussagesatz, der	Satzart mit finitem Verb an 2. Stelle, am Ende Punkt	*Ich gehe heute ins Kino.*	66
Bestimmungswort, das	in zusammengesetzten Wörtern nähere Bestimmung des Grundwortes	***Segel**schiff, **Haus**tür*	40
Dativ, der	3. Fall, Wem-Fall	*dem Vater, der Mutter, dem Kind*	49
Dativobjekt, das	Satzglied im 3. Fall	*Er gibt **dem Freund** das Bild.*	60
Deklination, die	Beugung von Substantiven, Adjektiven, Pronomen, Artikeln	*dem Kind, meiner blauen Tasche*	49, 51
Demonstrativpronomen, das	hinweisendes Fürwort	*dieser, jener, diejenige, solche*	50
feminin	grammatisches Geschlecht: weiblich	*die Mutter, die Blume, die Tür*	48
finite Verbform, die	gebeugte Verbform	*er läuft, du siehst, wir singen*	53
Fragesatz, der	Satzart mit Fragewort oder finitem Verb an 1. Stelle, am Ende Fragezeichen	*Kommst du mit ins Kino? Wer kommt heute mit ins Kino?*	66
Futur I, das	Zeitform des Verbs, Zukunft	*ich werde gehen*	53
Genitiv, der	2. Fall, Wessen-Fall	*des Vaters, der Mutter, des Kindes*	49
Genus, das	grammatisches Geschlecht	*maskulin, feminin, neutral*	48
Grundwort, das	in zusammengesetzten Wörtern an letzter Stelle, bestimmt die Wortart	*Segel**schiff**, Haus**tür**, Klein**stadt***	40
Hauptsatz, der	finites Verb an 1. oder 2. Stelle, kann alleine stehen	*Das Kind schreit laut. Weil es wütend ist, schreit das Kind laut.*	69
Hilfsverb, das	Verb zur Bildung zusammengesetzter Zeitformen	*haben, sein, werden*	53
Imperativ, der	Befehlsform des Verbs	***Komm** mit! **Hilf** mir! **Geht** langsam!*	66
Infinitiv, der	Grundform, Nennform des Verbs	*laufen, sprechen, essen*	53
Kasus, der	grammatischer Fall	*Nominativ, Genitiv, Dativ, Akkusativ*	49
Komparativ, der	Steigerungsform des Adjektivs, Vergleichsform	*klein – **kleiner** – am kleinsten*	52
Konjugation, die	Beugung des Verbs	*ich bin, du bist, er ist, wir sind*	53
Konsonant, der	Mitlaut	*b, d, f, k, l, m, t, s*	77
maskulin	grammatisches Geschlecht: männlich	*der Junge, der Rucksack, ein Fisch*	48
Nebensatz, der	finites Verb an letzter Stelle, kann nicht alleine stehen	*Weil es wütend ist, …*	69
neutral	grammatisches Geschlecht: sächlich	*das Brot, das Mädchen, ein Tier*	48

Begriff	Erklärung	Beispiele	Seite
Nomen, das	Substantiv, Hauptwort	der Baum, das Glück	48
Nominativ, der	1. Fall, Wer-Fall	der Vater, die Mutter, das Kind	49
Numerus, der	grammatische Zahl	Singular, Plural	48
Objekt, das	Satzglied, Satzergänzung	Dativobjekt, Akkusativobjekt	60
Partizip I/II, das	infinite Verbform, Mittelwort zwischen Verb und Adjektiv	Partizip I: weinend, springend, Partizip II: geweint, gesprungen	53
Perfekt, das	Zeitform des Verbs, Vergangenheit	ich bin gelaufen, es hat geregnet	53
Personalpronomen, das	persönliches Fürwort	ich, du, er, sie, es, wir, ihr, sie	50
Plural, der	Mehrzahl	die Häuser, die Blumen	48
Plusquamperfekt, das	Zeitform des Verbs, Vorvergangenheit	ich war gelaufen, es hatte geregnet	53
Positiv, der	Steigerungsform des Adjektivs, Grundform	klein – kleiner – am kleinsten	52
Possessivpronomen, das	besitzanzeigendes Fürwort	mein, dein, sein, ihr, unser, euer	50
Prädikat, das	verbales Satzglied, Satzkern	Sie *nimmt* das Buch.	59
Präfix, das	Vorsilbe	*ver*sprechen, *Be*stellung	41
Präposition, die	Verhältniswort	auf, in, mit, für, neben, trotz	52
Präsens, das	Zeitform des Verbs, Gegenwart	ich laufe, er liest, es regnet	53
Präteritum, das	Zeitform des Verbs, Vergangenheit, eher schriftlich	ich lief, er las, es regnete	53
Pronomen, das	Fürwort	Personal-, Possessivpronomen	50
Redebegleitsatz, der	vor oder nach wörtlicher Rede	„Es regnet heute", **sagte er.**	67
Relativpronomen, das	bezügliches Fürwort	der, die, das, welcher	50
Satzgefüge, das	zusammengesetzter Satz aus HS und NS	Ich hörte Musik, als ich nach Hause kam.	69
Satzglied, das	Teil des Satzes	Subjekt, Objekt, Prädikat	58
Singular, der	Einzahl	das Haus, die Blume, ein Tier	48
Steigerung, die	Veränderung von Adjektiven	Positiv, Komparativ, Superlativ	52
Subjekt, das	Satzglied, Satzgegenstand	*Sie* nimmt das Buch.	59
Substantiv, das	Nomen, Hauptwort	Mut, Blume, Häuser	48
Substantivierung, die	Wörter, die wie Substantive gebraucht werden	beim Springen, etwas Großes	74
Suffix, das	Nachsilbe	Bestell*ung*, ver*sprechen*	41
Superlativ, der	Steigerungsform des Adjektivs, Höchstform	klein – kleiner – **am kleinsten**	52
Umstellprobe, die	Satzgliedprobe	Sie nimmt das Buch. Das Buch nimmt sie. Nimmt sie das Buch?	58
Verb, das	Tätigkeitswort	laufen, einkaufen, regnen	53
Vokal, der	Selbstlaut	a, e, i, o, u	77
Weglassprobe, die	Satzgliedprobe	Sie nimmt das Buch (gerne).	58
Wortfeld, das	Wörter einer Wortart mit gleicher oder ähnlicher Bedeutung	Villa, Schloss, Palast, Haus	42
wörtliche Rede, die	Rede von Figuren im Text	**„Es regnet heute",** sagte er.	67
Zusammensetzung, die	Wortbildung: Bestimmungswort + Grundwort	Haus + meister, dunkel + blau	40

Text- und Bildquellennachweis

Textquellen

S. 4 f.: aus: Hans Reichardt: Was ist Was, Bd. 53, Das Auto, 1974, Tessloff Verlag Nürnberg, S. 15, http://www.autowallpaper.de/Wallpaper/Mercedes/Entstehungsgeschichte_mercedes_benz.htm Autor: Thomas Brandenburg, aufgerufen am 06.01.2011, Mercedes-Archiv, Presseinformation Juni 2008; **S. 6:** aus: Hans Reichardt: Was ist Was, Bd. 53, Das Auto, 1974, Tessloff Verlag Nürnberg, S. 4 f.; **S. 7:** aus: Krampen, Martin: Geschichte der Straßenverkehrszeichen, Stauffenburg Verlag Brigitte Narr GmbH, Tübingen, 1988, S. 24–26, 31; **S. 8 f.:** aus: Martin Zeuch: Was ist Was, Bd. 122, Bionik, Tessloff Verlag Nürnberg 2006, S. 2, 4, 5, 15, 16; **S. 10:** Beim Pyramidenbau …, aus: Margot Hellmiß: Frag mich was: Mumien, 1993, Bindlach: Loewe, S. 48, Im Jahre 59 v. Chr. …, aus: Fritz R. Glunk: Frag mich was. Das alte Rom, Bindlach, Loewe 1993, S. 72, Kerzen sind seit mindestens…, aus: Brian und Brenda Williams: 1001 Wunder aus Forschung und Technik, Fragen & Antworten, Übers. von Peter Friedrich, Delphin Verlag, Köln 1992; **S. 10 f.:** Bau eines Formel-Eins-Wagens, aus: http://www.physikfuerkids.de/wiewas/milkauto/index.html, Autor: Volker Mellert, Aufrufdatum 06.01.2011; **S. 24 ff./30:** aus: James Krüss: Timm Thaler oder das verkaufte Lachen, Hamburg, Oetinger, 1962, S. 26–28, 40, 43; **S. 27:** aus: Die Kinder- und Hausmärchen der Brüder Grimm, Kinderbuchverlag Berlin, 1989, S. 302 f. (ausgew. nach einer von Anneliese Kocialek besorgten Ausg. Ill. von Werner Klemke); **S. 28:** aus: Johann Nepomuk Ritter von Alpenburg und Lothar Borowsky (Hg.): Deutsche Alpensagen, München, Hugendubel, 1977; **S. 29:** aus: Albert Burkhardt: Sagen und Märchen der Insel Rügen, Berlin/München, Altberliner Verlag GmbH, 1994, S.169–171; **S. 31:** Die Schlickerlinge: aus: Die Kinder- und Hausmärchen der Brüder Grimm, Kinderbuchverlag Berlin, 1989, S. 238, Riesenstreit: aus: Adalbert Kuhn und Wilhelm Schwartz: Norddeutsche Sagen, Märchen und Gebräuche, Hildesheim, Olms, 1972; **S. 32:** © Bydlinski, Georg: Wasserhahn und Wasserhenne, Sachs Verlag 2002; **S. 33:** Fredrik Vahle: aus: Gelberg, Hans-Joachim: Großer Ozean: Gedichte für alle, Beltz, Weinheim Basel 2006, S. 154; **S. 34:** Gustav Falke: aus: Ein Rübenschwein fliegt um die Welt, Gedichte für kleine und große Kinder, Hrsg.: Thomas Freitag, 2008 Esslinger Verlag J. F. Schreiber, S. 124, August Stramm: aus: Menschheitsdämmerung- Ein Dokument des Expressionismus, Hrsg.: Kurt Pinthus, Ernst Rowohlt Verlag, Berlin 1920, Rechte bei Rowohlt Taschenbuch Verlag GmbH, Hamburg 1955, S. 179; **S. 36:** aus: Peter Hacks: Der Flohmarkt, Gedichte für Kinder. Ill. v. Klaus Ensikat, Berlin, Eulenspiegel Verlag 2001, S. 32; **S. 37:** aus: Robert Gernhardt: Mit dir sind wir vier. Bilder von Almut Gernhardt mit Geschichten von Robert Gernhardt, Insel Verlag, Frankfurt/M 1976, S. 21; **S. 38:** aus: Josephine Hirsch: Das Knusperhaus, Verlag Herder, Wien-Freiburg-Basel 1988; **S. 39:** aus: Walther Petri: Humbug ist eine Bahnstation. Gedichte an Kinder. Ill. v. G. Neumann, Kinderbuchverlag, Berlin 1978, S. 61; **S. 40:** aus: Franz Fühmann: Die dampfenden Hälse der Pferde im Turm von Babel: ein Spielbuch in Sachen Sprache, ein Sachbuch der Sprachspiele, ein Sprachbuch von Spielsachen, Der Kinderbuchverlag, Berlin 1978, S. 60 f.; **S. 42:** aus: Bibi Dumon Tak: Kuckuck, Krake, Kakerlake – Das etwas andere Tierbuch, Bloomsbury Kinderbücher & Jugendbücher 2. Auflage, dt. Ausgabe, Berlin Verlag GmbH, Berlin 2009, S. 37, übers. von Meike Blatnik; **S. 44:** aus: Hugh Hornby: Fußball. Vom Bolzplatz zum Olympia-Stadion, Die Geschichte eines Volkssports. (Sehen. Staunen. Wissen.), Gerstenberg Verlag, Hildesheim 2000, S. 12, übers. von Cornelia Panzacchi; bearb. von Margot Wilhelmi; **S. 46 f.:** aus: Bibi Dumon Tak: Kuckuck, Krake, Kakerlake – Das etwas andere Tierbuch, Bloomsbury Kinderbücher & Jugendbücher 2. Auflage, dt. Ausgabe, Berlin Verlag GmbH, Berlin 2009, S. 80, übers. von Meike Blatnik; **S. 51:** aus: Dirk Lornsen: Rokal der Steinzeitjäger. © Thienemann, Stuttgart 1987, Wellen nagen …, nach: http://www.swp.de/ulm/nachrichten/suedwestumschau/art4319,557683, Autor: PETRA WALHEIM | 14.07.2010, E-Mail: online-dienste@swp.de; **S. 55:** nach: http://www.lonetal.net/vogelherdhoehle.html, Abrufdatum: 16.02.2011, Stadt Langenau, touristik@langenau.de, www.langenau.de; **S. 56:** nach: http://www.kinder-hd-uni.de/steinzeit/steinzeit.html, Abrufdatum: 16.02.2011, Kirsten Baumbusch, Andrea Lieber, Stefan Zeeh, Rhein-Neckar Zeitung, Heidelberg, e-mail: team@kinder-hd-uni.de; **S. 58/59:** aus: Cosgrove, Brian: Das Wetter: Verstehen, was am Himmel geschieht. Beobachten, deuten, vorhersagen. Gerstenberg Verlag, Hildesheim 2004, S. 7, S. 11 f. (Reihe „Sehen, Staunen, Wissen") Übers.: Margot Wilhelmi; **S. 63:** aus: Astrid Lindgren: Karlsson vom Dach: Verlag Friedrich Oetinger, Hamburg 1990, S. 253 f. Über.: Dohrenburg, Thyra; **S. 66 f.:** aus: Paul Maar: Eine Woche voller Samstage. Oetinger, Hamburg 1973. S. 9–13, S. 14–20; **S. 67 f.:** aus: Katja Reider: Ich schenk dir eine Geschichte, CBJ 2010; **S. 69:** aus: Carola Ruff: Schlecht-Wetter-Spiele. Coppenrath Verlag, Münster 2003, S. 27; **S. 70:** Wettlauf um die Inseln: aus: Cornelia Müller und Renate Purrucker: Auf die Plätze – fertig – los! Spiele zum Austoben. Coppenrath Verlag, Münster 2002, S. 4, Gibt es hitzefrei in Afrika: aus: Leo G. Lindner/Doris Mendlewitsch/Sabine Christiansen und Janosch: Gibt es hitzefrei in Afrika? So leben die Kinder dieser Welt. Heyne, München 2006, S. 126; **S. 71:** aus: Joachim Friedrich: 4 1/2 Freunde und das bellende Klassenzimmer. Stuttgart: Thienemann, 2008; **S. 72:** aus: Witze für die Schultasche. Hg. Andreas Hoffmann, Loewe Verlag, Bindlach 2008, S. 32, 48, Tschipo: aus: Franz Hohler: Tschipo. Otto Maier Verlag, Ravensburg 1990, S. 7–14; **S. 81:** aus: Groß ist die Welt und dein. Lesebuch für die Volksschulen in Baden-Württemberg, 7. Klasse, 1960 Gemeinschaftsverlag: Badenia-Verlag, Karlsruhe, Pau Christian-Verlag, Horb a. N., Lehrmittelverlag, Offenburg, Union Verlag, Stuttgart; **S. 88:** aus: Hild, Sabine; Schlufter, Imke: NATURA. Biologie für Gymnasien. Ausgabe A. 5. und 6. Schuljahr. Ernst Klett Verlag, Stuttgart, Düsseldorf, Leipzig 2003, S. 87; **S. 90:** aus: Alte Märchen der Brüder Grimm. Hrsg. v. Helga Gebert. Beltz Verlag, Weinheim 1987, S. 112 ff.

Bildquellen

Cover.U1 links Picture-Alliance (dpa), Frankfurt; **Cover.U1 rechts** Fotolia LLC (Christian Schwier), New York; **Cover.U4 links** iStockphoto, Calgary, Alberta; **Cover.U4 rechts** Picture Press (M. Watson/Ardea), Hamburg; **Cover.Klappe** Klett-Archiv, Stuttgart; **4.l.** Murach, Lahs, Langenfeld; **4.m.** images.de digital photo GmbH, Berlin; **4.r.** Mauritius Images (Alamy), Mittenwald; **5** Mauritius Images (Alamy), Mittenwald; **14** aus: e.o. plauen „Vater und Sohn" in Gesamtausgabe Erich Ohser © Südverlag GmbH, Konstanz, 2000; **15** Illustration (Ausschnitt) aus: Sven Nordqvist, Wo ist meine Schwester?, Hamburg 2008, © Verlag Friedrich Oetinger, Hamburg; **18** Ullstein Bild GmbH (united archives), Berlin; **20** © Falk Verlag, D-73760 Ostfildern; **21** Fotolia LLC (goldenangel), New York; **22.1** Picture-Alliance (Arco Images), Frankfurt; **22.2** Corbis (Visuals Unlimited), Düsseldorf; **22.3** Ullstein Bild GmbH (Imagebroker.net), Berlin; **22.4** shutterstock (marrio31), New York, NY; **23** Zoo Leipzig, Leipzig; **61** Picture-Alliance, Frankfurt; **67** Aus: Paul Maar, Eine Woche voller Samstage, Hamburg 1973, © Verlag Friedrich Oetinger, Hamburg; **88** Okapia (Mayet/BIOS), Frankfurt; **92** Ullstein Bild GmbH (Imagebroker.net), Berlin

Sollte es in einem Einzelfall nicht gelungen sein, den korrekten Rechteinhaber ausfindig zu machen, so werden berechtigte Ansprüche selbstverständlich im Rahmen der üblichen Regelungen abgegolten.